改訂版

さっぽろ喫茶店グラフィティー

coffee shop graffiti in Sapporo

和田由美

wada yumi

亜璃西社

喫茶店スクラップ帖

一杯のコーヒーから、恋が芽生えることもある——。
そんな愛すべき喫茶店の数々を、
西田佐知子が歌った（井上陽水でも可）
「コーヒールンバ」のリズムにのせて、いざスクラップ！

＊巻頭特集に掲載した店舗の写真は、2006年の初版刊行時以前のもののため、現在と異なる場合があります

西林（p90）のマッチは、左隣にあった洋食屋「コックドール」と兼用

04年閉店のポールスター（p100）で使われていたマッチ

西 林

西林の入り口前で待ち合わせるのが、当時の流行だったとか

吹き抜けの天井とヤシの実は、今でも充分お洒落

モダンなパーマをかけたレジ係の女性。レジスターがクラシック

店内で常時開催されていた作品展の案内状

客足の絶えることがなかった昭和30年代後半の全盛時代

コージーコーナー

お客さんでぎっしりの天井が高く広々とした店内

コージーコーナー（p92）の懐かしいマッチ

千秋庵喫茶部（p88）の可愛いデザインのマッチ

かつて、喫茶店のマスターは
画家やデザイナー志望の若者たちに
自分の店のマッチラベルを
自由にデザインさせてくれました

サボイア（p98）の特別仕様マッチには、珈琲豆とイラストのマッチが

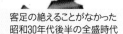

喫茶店スクラップ帖

心うきうき、とても素敵なBGM
たちまち人はその虜になる
ジャズ、ロック、フォーク、楽しいリズム
北の国の情熱のアロマ

赤い帽子の鉄骨人形
が目印だった
ELEVEN(p42)

伝説のブルース
喫茶と語り継がれる
神経質な鶏(p34)

今は無き懐かしの店から、
いまだ健在の老舗・名店まで、
写真を見ているだけで
あの頃の記憶が蘇る

この街の音楽シーンを
活気づけたバナナボー
ト(p36)

惜しまれつつ閉店した
クラシック喫茶の老舗
ウイーン（p38）

モダンな都会の隠れ家シャノ
アール（p106）も姿を消した

こちらミルク（p12）は、オープン当時
から店内がほとんど変わっていない

喫茶店スクラップ帖

琥珀色の液体　それは楽しい飲み物
素敵な空間でみんな揃って
楽しく飲んで踊ろう
恋の街・札幌のコーヒールンバ

シックな内装、
アンティークなインテリア、
風情漂うアプローチ…
別世界へようこそ

BOSSA（p30）歴代のマッチ

ファッション性の高いインテリアで人気を博した、ホールステアーズカフェ（p82）の１階店内とマッチ（左下）

年季の入った2階カウンター席が、常連に人気のカフェ・ランバン（p124）

開店当初から使われていたウイーン（p38）のカップ＆ソーサー

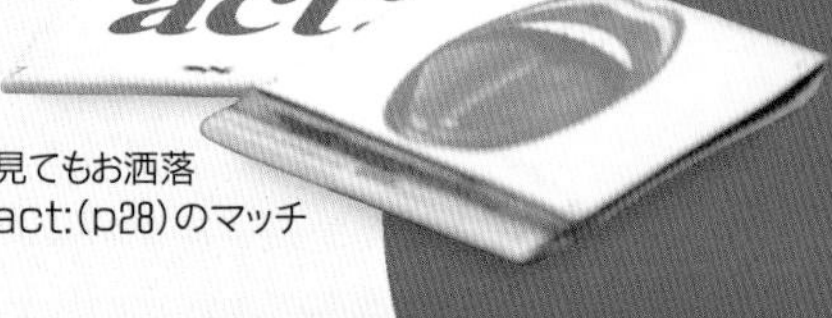

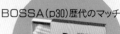

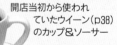

今見てもお洒落なact:（p28）のマッチ

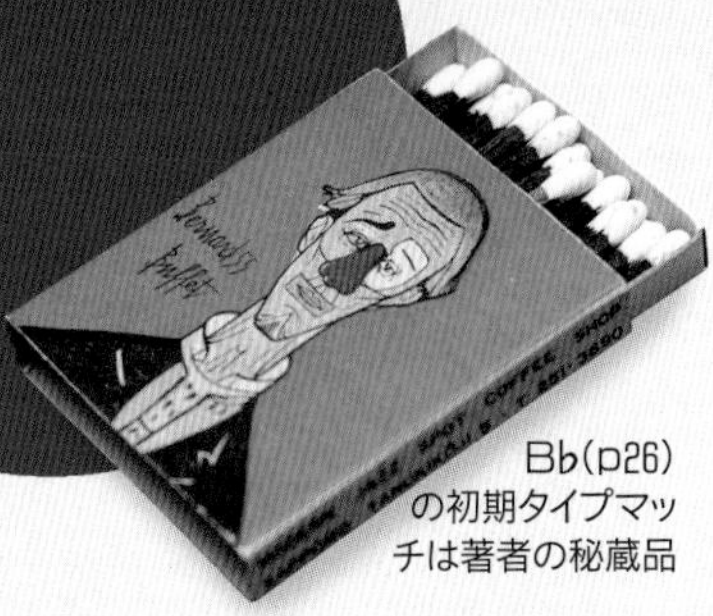

Bb(p26)
の初期タイプマッ
チは著者の秘蔵品

時計台の鐘の音が聞こえる
ロックフォールカフェ(p112)

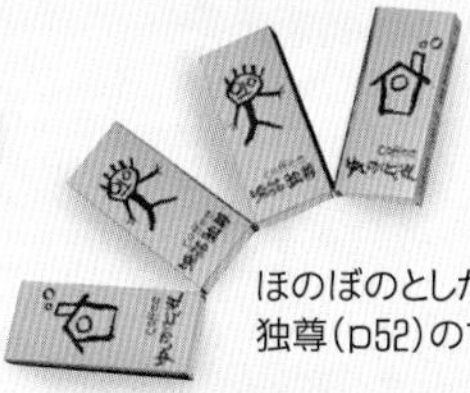

ほのぼのとした唯我
独尊(p52)のマッチ

アプローチにも風情が
漂う円山茶寮(p80)

ジャズ喫茶の老舗で知られる
JAMAICA(p24)のマッチ

森彦(p84)の入り口
横に鎮座するノル
ウェー製薪
ストーブ

喫茶店スクラップ帖

窓を開ければ——

ルンバのリズムから一転して、最後はなぜかブルースに……。ゴメンナサイ。

光と陰の対比が美しかったテルサラサート(p78)

吹き抜けの大きな窓が開放的な倫敦館(p74)

人々が行き交うススキノの交差点が見渡せた、つむぎ(p108)の今はないスクリーンのような窓

昔懐かしい二重窓に小物を置いた、森 彦(p84)の2階席

窓を開けると、目の前が南3条通りだったELEVEN(p42)

黄昏どきには走る車のライトがロマンチックなKeef(p20)

改訂版 さっぽろ喫茶店グラフィティー◎目次

改訂版 さっぽろ喫茶店グラフィティー◎目次

I. 学生街の喫茶店

かつて学生街に欠かせない存在だった喫茶店。マスターとの会話、友との議論、そしてデートの場として、縦横無尽に活用されていた。

ミルク

1974〜

開店から50年余り、今も若い世代が集う

オープン当初の熱気ある店内の様子

DATA
住所　札幌市東区北20条東1丁目2-41
電話番号　011・741・2490
営業時間　14時〜24時（無休）
コーヒー　ブレンド500円〜、ココア550円
駐車場　2台

♪ねえ　ミルク　またふられたわ
ちょっと　飛ばさないでよ
この服高いんだから
うまくは　いかないわね
今度はと　思ったんだけどな

ねえ　ミルク　悪いわね
ふられた時ばかり現れて
笑っているの　怒っているの
そんなに無口だったかしらね

と中島みゆきが唄う『ミルク32』（アルバム『愛していると云ってくれ』収録）が発表されたのは1978年（昭和53年）。曲の舞台となったのが、旧石狩街道と創成川の狭間にポツンと建つ、店主・前田重和さん営むコーヒーハウス「ミルク」である。十数年ぶりに訪れてみると、手作りの木製看板や間接照明を生かした店内はほぼ昔のまま。まるでこの空間だけは、時が止まったかのような錯覚に襲われる。前田さんは既に70代、店は2023年で50周年を迎えたというのに……。

シンガー・ソングライターの草分けとして活躍した前田さんは、70年から5年間に渡って北光教会でフォークコンサートを開催。その参加バンド「壊れた蓄音機」のボーカルが、藤女子大在学中の中島みゆきだった。ライブスペースが欲しいこともあり、前田さんはそれを兼ねた喫茶店を開こうと決意。74年2月、音楽仲間と店の土台から手作りし始める。同年9月20日の開店後は、スピーカーから新譜のロックが流れ、店の片隅ではフォークの定例ライブが行われるなど、学生を中心とした若い音楽ファンの聖地となっていく。

70年代の札幌は、後に音楽プロデューサーとなる和田博巳

オープンからすでに50年余り経つが、その佇まいは開店時からほとんど変わっていない（2004年撮影）

さんの「和田珈琲店」やベッシーホールを開く梶原信幸さんの「神経質な鶏」など、喫茶店が音楽文化の中心であり、オーナー自身も行動派だった。市内の飲食店10軒からなる〝十転満店〟が、外国人アーティストを呼んでの野外音楽祭を企画・主催する華やかな時代だったのだ。今、その頃の店はほとんど姿を消しただけに、ミルクの存在は奇跡に近い。

歌のモデルとなった当時、前田さんは30歳。「年齢は2歳ほど違うし、僕はカウンターで水を飛ばしたりしませんよ」と苦笑いする。しかし、彼女は有名になってからも良く店を訪れ、そのせいか「今でも札幌でコンサートがある日はファンの人たちで満席になります。ここから会場に直行する人もいますね」と夫人の彰子さん。当初180円のコーヒーは500円になったが、若い世代が集うことに変わりはない。

前田さんは「同じ世代の人たちを目の前にしているので、時代のギャップは感じません。社会の仕組みは変わっても、人間関係の基本は変わらないと思いますよ」。ある時は傲慢で、またある時は自信のない若い世代の心を育てて50年余り。白髪は目立つようになったが、「まだまだ続けます」と言い切る前田さんの眼差しは、父親のような慈愛に満ちていた。

マッチ箱のスミ

みゆきファンが訪れるたびに店のマッチをプレゼントしたため、前田さんの手元にマッチはほとんど残っていないそう。

タマキ

1958〜1977

草創期の文化シーン
支えた、器の大きさ

3個合わせると〃環《わ》〃のデザインが浮かび上がるマッチを取り出して、開口一番「わたしは環《たまき》という字が好きなのよ」と取材時に語っていた玉木佐和さん。大正生まれには見えないほど若々しい玉木さんが、今では伝説的な存在となった画廊喫茶「タマキ」を開店したのは1958年(昭和33年)のこと。ミルクホールはあっても喫茶店は珍しい時代に、丁寧に一杯ずつドリップで落とすコーヒー(50円)を求め、北大と藤女子大の学生が集まったという。当時の学生は貧しく、「北大の寮が寒いので朝から晩までコーヒー一杯でねばる人、希少価値のテレビを目当てに閉店後でも裏口から戸を叩く人など様々でしたね」と、玉木さんは回想する。

その頃、近くに住んでいた画家の竹岡羊子さんも、スケッチに通う北大第二農場の帰り道に立ち寄った。「一癖も二癖もありそうな学生さんたちが独りで瞑想に耽ったり、音楽に聴き入ったり、自分だけの空間を作っていました。コーヒーも美味しかったですよ」。また、若い客にお節介を焼こうと思えばできるのに、わざと放って置く玉木さんの性格から、大陸的なスケールを感じたという。それもそのはず、上海で3年ほど暮らした後に身ひとつで引き揚げ、さらに東京空襲も経験している玉木さんだけに、器の大きさが違うのだ。

店内はやがて画廊としても開放され、室内楽演奏や16ミリ映画上映の会場などにも活用される。中でも玉木さんが、後に「北海道フィルムアート」を設立する高橋亨さんと共に、67年に発足させた「札幌シネマテーク」は特筆に値する。画家や新聞記者など当時の文化人が集まったこの団体は、アート系フィルムを積極的に上映し、札幌における自主上映の草分け的な存在となった。蛇足だけれど、名作『禁じられた遊び』を上映した時には、所轄の警察官が取り締りに訪れ、始

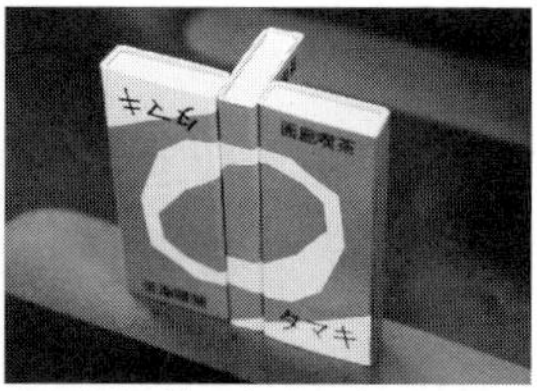

赤や黄など色は何度か変わっている

DATA

閉店年　1977年(昭和52年)
閉店時の住所　札幌市北区北18条西4丁目

昭和30年代とは思えないほどモダンなインテリアに驚かされる（『和歌山二郎建築設計作品抄』から）

末書を書かされたという。

60年安保を経て70年前後に、玉木さんは再び学生運動の波に巻き込まれる。69年11月8日、北大の封鎖建物解除に北海道警察機動隊3000人が出動、店の周辺は催涙弾と放水で緊迫した状況となった。当時、全共闘の学生はヘルメットを隠して店に出入りしていたが、鉄棒や角材を忘れて帰るところが「可愛いものです」と玉木さん。とはいえ、「あの時代の方が熱気も人情もありましたね。若者が本気にならないと、世の中は変わりません」とぴしゃり。

ところで、私がこの店を知ったのは学生運動が沈静化した後の72年。創刊間もないタウン情報誌を置いてもらっていたのだ。今回の取材で、玉木さんに「雑誌の配達を終えるとコーヒーの1杯も飲まずにそそくさと帰り、なんてせわしない人かと思っていたわ」といわれ、返す言葉が無かった。

ともあれ、70年を境に喫茶店を取り巻く環境は激変する。受験生が飛行機と高級ホテルを利用する時代となり、「北大周辺でコーヒーだけの商いは無理」と悟った玉木さんは、ついに閉店を決意。美術・音楽・映画と、札幌の様々な文化シーンを支えたタマキは、70年代後半にその使命を終えた。

マッチ箱のスミ

画廊&音楽喫茶の草分けとして活躍した玉木さんだったが、2020年（令和2年）10月1日に逝去。満100歳だった。

ドルフィン

1967〜2020

北大前で親しまれた催涙弾の煙知る老舗

時代の趨勢で北大正門前の喫茶店が次々と姿を消していく中、最後まで孤軍奮闘の頑張りを見せたのが喫茶「ドルフィン」だった。須戸良則・美智子夫妻が１９６７年(昭和42年)、古書店「南陽堂書店」の左隣で創業。コーヒーは80円。「もともと主人は酒屋の息子。大家の坪田商店に義姉が嫁いでいて、店の一角を借りて始めたんです」と美智子さん。店名は、良則さんがイルカ好きだったことと、プロスキーヤー三浦雄一郎氏のチーム名「スノー・ドルフィン」に由来する。

カウンター6席にボックスが5つ、10坪に満たない小さな店で、朝8時から夜10時まで営業した。北大の学生や教授はもとより、受験生や観光客も訪れ、本好きが南陽堂の開店前に立ち寄るなど店は大賑わい。夫婦2人ではとても賄いきれず、早番、中番、遅番に分かれたウエイトレスたちが、休む間もなく立ち働いた時代もあったという。

学園闘争がクライマックスを迎えた69年11月の北大封鎖解除では、道警機動隊と学生が激突し、撃ち込まれた催涙弾の煙で1週間も目が痛かったほど。投石除けに外壁へ張ったベニヤ板が、「ものの3分で剝がされ、バリケードの一部として燃やされたものです」と、美智子さんは往時を懐かしむ。それにしても、２００２年(平成14年)に移転するまで、約40年にもわたって店を続けられた原動力は何だったのだろうか。「喫茶店は意外に儲からない商売なので、店を支えてくれたお客さんのお陰ですね。後半は私1人でやりましたが、本当に楽しい仕事をさせてもらいました」と美智子さん。

道路拡張のため北大前を立ち退きとなった後、地下鉄東豊線北13条東駅から歩いて3分の、天使病院に近い女性専用マンション1階で再開したのが新生「カフェ ドルフィン」である。約36坪の店内は、白を基調とした明るい雰囲気でイタリ

移転後の「カフェ ドルフィン」店内

DATA

閉店年　2020年(令和2年)
閉店時の住所　札幌市東区北14条東４丁目、アンジェリーク・コア1階

北区北8条西5丁目で創業して以来、初めて全面改装された1985年当時の旧店舗外観

アンレストランを思わせる。以前は、10坪にも満たない小さな店だったので、そのギャップに驚かされた。そんな広々とした店内できびきびと立ち働くのが、須戸夫妻の3女である睦子さん。当初は〝マンションの食堂〟としての意味合いが強かったが、近頃の学生は定時に食べる人が少ないこともあり、２００４年4月からは純粋なカフェ・レストランに模様替え。それを機に手伝い始めたそうだ。

チョコレート好きの睦子さんが手作りする生チョコ付きのコーヒーは、「Ｉ ＬＯＶＥ ｃｏｆｆｅｅ」の文字とハートマークが描かれたカップが可愛らしい。移転前から人気の「かぼちゃのケーキ」も健在だった。食事メニューは、カルボナーラや昔風ナポリタンなどのパスタ類、ご飯ものが中心で、ランチには日替わり定食も用意されていた。

どれほど長く続いた名店でも、時代の趨勢で閉店してしまうことが実に多い。そんな状況下で、こうして成長を続けた喫茶店は珍しいと思う。「今でも、北大方面から自転車で通ってくれる常連さんもいます」と、かつてうれしそうに話していた母の美智子さん。そんなドルフィンだったが、２０２０年（令和2年）6月に惜しまれながら閉店している。

マッチ箱のスミ

ドルフィン閉店から2年後の22年、睦子さんはカフェ「元町小路」（東区北22東20）をオープンして再び喫茶の世界へ。

ふれっぷ館

（ふれっぷかん）

1983～1998

北大旧教養部そばのツタの絡まる喫茶店

木の温もりある明るい雰囲気だった

DATA

閉店年　1998年（平成10年）
閉店時の住所　札幌市北区北17条西6丁目

地下鉄南北線北18条駅から歩いて数分、北大通りと北18条通りが交差する四つ角は、高層ビルが林立して昔の面影など跡形もない。この信号を曲がって西へ向かうと北大構内に入るのだが、そこまでの道筋はかつて陽光を浴びてキラキラ輝くポプラ並木が続いていた。ひっきりなしに自転車に乗った学生が行き交い、その傍らで北大馬術部の馬がのんびりと草を食んでいたことが思い出される。その道と斜め通りが交差する角にあった、ツタの絡まる喫茶店が「ふれっぷ館」である。

店主の石原由美子さん（現「Ｋｅｅｆ」店主、次項参照）が、お茶と自家製ケーキをメインに１９８３年（昭和58年）12月に開店。設計・インテリアは、数々の喫茶店を手掛けてきたベテランの今映人さんが担当した。彼が設計した喫茶店「テルサラサート」に惚れ抜いた石原さんは、まだ20代の若さだったが、必死になって今さんに頼み込んだ。「借金まみれでしたから、札幌で一番お金のないクライアントだったと思いますよ」と、当時を振り返って苦笑いする。

予算が無いので、梁と柱はみかん箱に使うような安い建材を使用。正面を飾るツタは、母親が開店祝いに苗木を植えてくれたものだという。しかし、大きな窓から明るい日差しが入り、木の温もりもあったせいか、低予算で作られた店とは思えない贅沢な雰囲気があった。灰皿には古伊万里風の小皿、シュガーポットにそば猪口、コーヒーカップに砥部焼を使うなど、趣味で集めた器で店内を彩ったせいもある。

開店時から通った大沼芳徳さん（雑誌『しゃりばり』元編集長）は、「当時の人気雑誌だった季刊『銀花』が似合う店で、器が美しい上にケーキが美味しかった。うちの子供たちは、ここのチョコレートケーキを食べてから他所のものは食べなくなりましたね」と絶賛する。季節ごとに旬の素材を生かし

ツタの絡まるその佇まいは、〝学生街の喫茶店〟のイメージそのまま

たケーキは毎日8～9種類用意され、見た目が可愛らしい上に味も良く、爆発的な人気を呼ぶ。また、クリスマスやバレンタインの時期には、オリジナルのクリスマスケーキやバレンタイン用チョコレートケーキも販売していた。

「あの頃はお茶と菓子の両方が美味しい店は少なく、大好きな菓子作りを生かすには喫茶店をやるしかないと思ったんです」と語る石原さん。その狙いが、見事に的中したわけである。また、素敵だったのは外に設けられたテラス席。風に吹かれながらアッサムティーなど飲めば、まさしく至福のひとときが味わえた。当時、美味しい紅茶(しかも自家製クッキー付き)を出す店は市内にも数えるほどしかなく、外国人も良く利用していたという。

ところが、北大構内の地下を突き抜ける環状通エルムトンネル建設の話が持ち上がったことが、この店の運命を変える。北大キャンパスを南北に分断する北18条通りは、その狭さもあって交通渋滞や騒音が常に発生していた。それを緩和するため、トンネルが誕生することになったのだ。そのため、店は立ち退きを余儀なくされ、ふれっぷ館は98年(平成10年)に閉店。そのエッセンスは「Ｋｅｅｆ」に受け継がれていく。

マッチ箱のスミ

かつての北大教養部そばにあったことから、学生たちの憩いの空間だった店だが、その命は余りにも短く残念。

Keef

(キーフ)

1999〜

70年代を思わせる飾り気のない雰囲気

ツタが絡まる建物の2階が店舗

DATA

住所　札幌市北区北18条西6丁目
電話番号　011・717・7963
営業時間　13時〜20時（月〜木曜休、金曜不定休）
コーヒー　フレンチブレンド550円
駐車場　3台

オーナー店主の石原由美子さんが、文字通り青春を賭けたともいえる喫茶「ふれっぷ舘」(前項参照)を閉めることになったのは、1998年(平成10年)12月のことだった。北大構内の地下に開通した環状通エルムトンネルの建設工事に伴い、立ち退きの憂き目にあったのである。思い入れを持って育てあげた店を、自分の意思とは関係なく閉めざるを得ない悔しさ。それは、想像を絶するものがある。

その翌年の7月26日、新しくできた道路を挟んだ斜め向かいに、コーヒー・自家製菓子・酒・音楽の店「Keef」を、石原さんはオープンさせる。店名は、石原さんが熱愛するロックバンド「ローリング・ストーンズ」のギタリスト、キース・リチャーズの愛称〝キーフ〟から命名された。しかも開店日は、ミック・ジャガーの誕生日である。

「本当は、最初にファンになったミュージシャンでもあるキースの誕生日にしたかったのですが……、12月だったので諦めました」と、茶目っ気たっぷりの石原さん。今もキースの熱烈なファンで、彼のコンサートを聴くためなら海外にまで〝追っかけ〟するほどだという。店内には、石原さんの名前が入った彼の直筆サイン入りレコードジャケットも飾られていて、まさに筋金入りだ。

さて、移転後の店舗は、鉄筋コンクリート3階建ての1階が駐車場となっていて、店は2階部分にある。外壁をふれっぷ舘のツタから挿し木したという緑の葉が覆い、以前の店を知る人にとっては懐かしさもひとしお。階段を上がって入る店内は、「昔、良く行った南3条通りにあるロック喫茶をイメージして造りました」という言葉通り、細長く伸びた一枚板のカウンターと飾り気のないインテリアが、音楽喫茶の黄金時代だった70年代を彷彿とさせる。

一枚板のカウンターと飾り気のないインテリアが、どこか懐かしさを感じさせる（2005年撮影）

とはいえ、ふれっぷ舘の後を継ぐだけに、もちろん店内の一角には自家製ケーキのショーケースが置かれている。昔から人気の高い「まっ茶とあずきのお菓子」や「Keef風モンブラン」も健在で、昔と変わらぬケーキの美味しさは、紅茶と自家製ケーキがメインだったふれっぷ舘の特色をしっかりと引き継いでいる。店内に入るとコーヒー豆のいい香りに心騒ぐのだが、せっかくここへ来たのならと、敢えてミルクティーを頼んでみた。たっぷりと牛乳の入ったミルクティーは、やっぱり期待を裏切らない美味しさだった。

さらに、黄昏どきともなれば、エルムトンネルを抜けてくる車のヘッドライトが、ガラス越しに美しい光線を放つ。それを眺めながら、一杯のお酒を心ゆくまで愉しめるのが、昔との大きな違いだろう。

ロックをBGMに、カウンターで一生懸命ノートを書き写す学生の姿を見ていると、「祐天堂」「鳩首協議」「月光仮面」など、かつて南3条通りにあったロック喫茶の名前が、ふと浮かんでしまう。北18条通りと通称〝北大ななめ通り〟が交差する角地に、喫茶店全盛期を思い起こさせるこんな店があるなんて、札幌も都市としての懐が深くなったようだ。

マッチ箱のスミ

昔を思い出させる店内でお酒を飲み始めたら、とことんやってしまいそう。私ならサンタナのLPを持ち込みたいな。

ちょっと一服①

熱気に溢れていた、あの頃の学生街

今でも北大通りを正門前から北18条通りぐらいまで歩くと、胸のときめくことがある。まだ大学（藤女子短大）に入りたての頃、アナウンサー志望の同級生に誘われて、藤と北大が合同で主宰する「放送研究会」に入会した。その部会の帰り道、先輩たちに連れられて北大通り周辺の喫茶店へ次々と出かけたことを思い出すからだ。

当時の北大通り周辺には、中島みゆきの歌にも唄われた自転車屋に隣接する「ライフ」をはじめ、「左文字」、「結城」、「ドルフィン」（p16）、「コンサートホール」など、綺羅星の如く喫茶店が点在した。クラーク饅頭（千秋庵ノースマンの原型）を考案した洋菓子店「中屋」のティールームも懐かしい。

ライフは2階がマージャン荘というせわしげな店なので、どちらかというと静かに話の出来る左文字や結城に行くことが多かった。当時から「タマキ」（p14）は有名だったが、なぜか連れて行かれた覚えがないので、苦手な人が居たらしい。

私が大学を卒業した1970年（昭和45年）以降は、九州から来た桝田徳寿さんの営む「レンガ家」、「倫敦館」（p74）の菊地直行さんが最初に開いた「珈琲野郎」などが登場。北大通りから範囲を広げていくと、フォーク喫茶「ミルク」（p12）、ジャズ喫茶「JIPPY BUNNY」、ケーキの美味しい「ププリエ」や「ふれっぷ館」（p18）など、多彩な顔触れが相次いで開店している。

北大前が学生街の代表なら、次に華やかだったのが北海道教育大前（旧校舎は中央区南22西13周辺）だろう。後に私と一緒に『ステージガイド札幌』を発行する富原信一郎さんが営んでいた茶房「ふぐるま」や純喫茶「ファニー」、スープカレーの元祖といわれる「アジャンタ」などがあった。今思えば、私のスープカレー初体験はこの店だったわけで、当時は薬膳カレーと名乗っていたと思う。それまでルータイプのカレーしか知らなかったので、とてもびっくりした記憶がある。

また、北海学園大の周辺では、梶原信幸さんが営むブルース喫茶「神経質な鶏」（p34、写真）があり、ライブが行われる度に、若者たちの熱気が溢れていた。いずれも、60年代の終わりから70年代初頭にかけての話である。

II. 時代をリードした音楽喫茶

クラシックからジャズ、フォーク、ロックまで、かつて隆盛を極めた音楽喫茶。そこには、ストイックなまでに音楽に熱狂した若者たちがいた。

JAMAICA

（ジャマイカ）

1961〜

今なお走り続けるジャズ喫茶の先駆者

店内に一歩足を踏み入れると、壁の棚には数え切れないほど厖大な量のレコードが整然と並ぶ。そして、カウンターでは、大音響で流れるジャズに耳を傾けながら、年配のお客さんが黙々とコーヒーを飲んでいた。その薄暗さといい、ウナギの寝床のような細長い造りといい、かつて東映劇場地下にあった旧店舗を再現していて、懐かしさがこみ上げてくる。

取材時の店主は創業者の樋口重光さん。現在地へ移転後、お酒が飲めるバーとなってすでに10年以上経っていた。だが、なんといってもうれしいのは、大音響のジャズが充満する薄暗さの中で、若者がうずくまって体を揺らしながら聴き入っているという昔のジャズ喫茶のイメージが、店内に今も残されていることだ。

60年代の終わりから70年代にかけて、南3条通り界隈には、「ａｃｔ：」「ＡＧＩＴ」「Ａ＆Ｍ」「Ｂ♭」「ＢＥＡＴ」「ニカ」などなどジャズ喫茶が無数にあった。当時は、店内も薄暗かったが、通い詰める客も暗かった。半分は若さゆえのポーズだとしても、残り半分は〝70年安保〟で挫折して、方向性を見失った若者が多かったせいだと思う。その頃の店で、現在も営業を続けているのは、この店と高橋久さんが営む「ＢＯＳＳＡ」（ｐ30参照）のみ。栄枯盛衰とはいうけれど、これほどジャズ喫茶が衰退するとは誰も思わなかっただろう。

札幌におけるジャズ喫茶の先頭を常に走ってきた「ＪＡＭＡＩＣＡ」は、１９６１年（昭和36年）にオープン。樋口さん23歳の時である。札幌市生まれの樋口さんは、音楽好きの叔父さんがＳＰ盤のレコードを蓄音機で聴かせてくれたのを機に、ジャズに魅せられる。北海高在学中に、ジャズを流す「ボン」（中央区南6西9）や「サラファン」（南3西2）といった喫茶店に通い詰め、ついには自分で店を開くに至ったという。

開店時から変わらぬデザイン

DATA

住所　札幌市中央区南3条西5丁目、三条美松ビル4階
電話番号　011・251・8412
営業時間　13時〜23時45分（水曜は16時〜、日曜休）
コーヒー　600円（酒類750円〜）
駐車場　なし

中央区南2西5の東映劇場地下にあった旧店舗での樋口さんと妻むつ子さん（1980年頃）

一方、ママのむつ子さんは当時16歳。開店から常連だった少女が、いつしかカウンターの内側に立つようになり、良きパートナーとして長年にわたって夫を支えた。

開店時のコーヒーは、なんと40円。その時代に輸入盤レコードは2800～3000円という高価なもので、学生はもとより会社員でもなかなか手が届かなかった。以来、40年以上にわたって収集したレコードの数は約1万7000枚（さらにCDも4000枚余り）というから、まさに稀有のコレクションだ。しかし、黒のTシャツにジーンズというラフなスタイルの樋口さんは、少しも気負うことなく「好きな仕事をして生活が出来たのだから、こんな幸せなことはないんじゃないかな」とこれまでを振り返っていたもの。

取材時は、かつての常連客の孫が高校を卒業する時期にあたり、「お爺ちゃん、お父さん、息子と3代が通ってくれる日が待ち遠しい」と目を細めていた樋口さん。バーでありながら、むつ子ママと娘さんが昼間から店を開け、コーヒーを出し続けるのも、今は亡き樋口さんのジャズ喫茶への熱き思いを受け継ぐからこそ。ジャズ喫茶界の先駆者である樋口さんの〝意気地〟が、店内のそこかしこから伝わってくる。

マッチ箱のスミ

樋口重光さんは2016年（平成28年）に逝去された。今も昼はコーヒーだけでOKだから、伝説の店をぜひ覗いてみて！

B♭

（ビーフラット）

1968～1982

一世を風靡した人気ジャズ喫茶

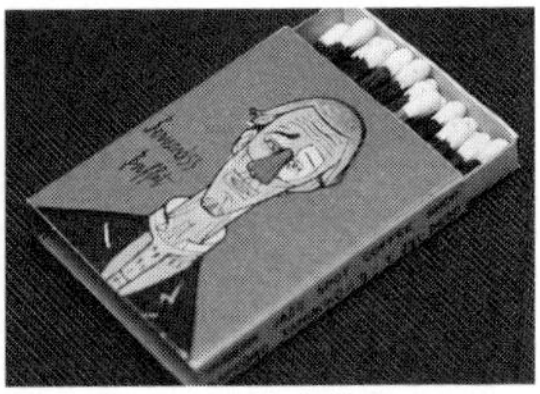
ビュッフェの絵が印象的なマッチ

DATA
閉店年　1982年（昭和57年）
閉店時の住所　札幌市中央区南3条西5丁目、狸小路ビル地下1階

生意気盛りの学生時代、意を決して初めて入ったジャズ喫茶が、狸小路5丁目の「B♭」だった。古ぼけたビルの地下にあり、びっしり座ると40人ほどは入る広い店内で、ガラス張りのレコード室が妙に記憶に残っている。

「コルトレーンを聴きながら、アンパンを食べていたのよ」と私。「鞄から出してかい？　そんな奴いないよ」と店主だった鎌田直之さん。再会したのは17年ぶり。つてを辿って、ようやく会うことができた。

室蘭市生まれの鎌田さんは、札幌南高を卒業後、慶応大学に進む。ジャズを熱愛するきっかけは、高校時代の同級生に誘われて、アメリカ文化センターで行われたジャズのレコードコンサートに通ったこと。当時は、レコードを聴けるだけでありがたい時代だったという。

大学卒業後、高校教員に内定していたが、地方勤務が嫌で辞退。１９６６年（昭和41年）、現在の西15丁目電停そばに、初代の「B♭」を開く。といっても、当時は雇われ店長だが、店名はもとより、インテリアやマッチのデザインまで自分で決めた。ビュッフェの絵をあしらった素敵なマッチは、数ある喫茶店のマッチの中で筆者一番のお気に入りとなり、今も大切にとってある。コーヒーは80円。「その頃、タクシーの初乗りは90円、「JAMAICA」（前項参照）の早朝割引は50円でしたね」と鎌田さん。

2年後の68年、独立して開いたのが狸小路5丁目のB♭。モダンジャズの巨匠マイルスとコルトレーンを中心にレコード約２０００枚を揃え、初心者と常連客の分け隔てがなく、気軽に入れることから大繁盛した。さらに、いつでもリクエストOKというのも人気の要因で、お尻が痛くなるまで粘る人が多かった。しかし、人気の秘密はもうひとつ、面倒見の

古ぼけたビルの地下にありながら、店内はジャズ喫茶のイメージをくつがえすほど広々としていた

いい彼の人柄にある。「ＢＯＳＳＡ」（p30参照）店主の高橋久さんは、今も鎌田さんを「俺の師匠だ」といって憚らない。

やがて鎌田さんは、73年にロック喫茶「祐天堂」を出店。2つの店を掛け持ちするが、75年に「ａｃｔ：」（次項参照）店主の坂井敬史さんにB♭を譲り、純喫茶「ビレッジ」（南2西4）をオープンする。「どうしてジャズ喫茶を手放したの？」と私。「ジャズがつまらなくなって……。コルトレーンが67年に死んじゃったしね」と鎌田さん。それ以上深くは語らなかったけれど、高価だった音響装置やレコードが、70年代初めから一般の人でも手に入るようになり、ジャズ喫茶が衰退し始めたせいもあったのだと思う。

鎌田さんの決断は時代より早かったが、次に開いた店が居酒屋「大将」というのがユニーク。やがて、バー「B♭」を最後に、45歳で飲食業界から足を洗う。音楽に関しては「今は週末にカラオケで歌うのが唯一の楽しみ」と語り、時々、ジャズのスタンダードを歌って周囲を驚かせているという。

一方、鎌田さんから引き継いだ坂井さんも7年間続けた後に閉店。B♭はもう無いが、人気を博したマッチと共に、〝幻のジャズ喫茶〟として私の心の中に生き続けている。

マッチ箱のスミ

筆者保有のマッチは、鎌田さんがバー「B♭」を開いた時にくれた、初期タイプでは最後の1個という希少品。

act:

（アクト）

1970〜1985

モダンなインテリアの先鋭的ジャズ喫茶

デザインはイラストレーター矢吹申彦

地下鉄東西線東札幌駅から徒歩10分の米里行啓通り沿いで、2009年（平成21年）まで営業した「さっぽろ珈琲工房」。その店長を務めた坂井幹生さんこそ、伝説のジャズ喫茶「act：」の元店主その人なのである。

小樽市生まれの坂井さんは、東京の大学に在学中、新宿・紀伊國屋書店裏のジャズ・ブース「DUG」でアルバイトをする。ジャズミュージシャンを撮り続ける写真家の中平穂積さんが営む、寺山修司や中上健次も通ったジャズ喫茶の老舗「DIG」の姉妹店だった。ほぼ同じ頃、「バナナボート」（p36参照）の和田博巳さんは「DIG」でバイトしていたというから、60年代新宿のジャズ喫茶はまさに教室だった。

そんな坂井さんが、大学を中退して札幌に戻り、銀行員だった兄の坂井敬史さんとact：を開店したのは1970年（昭和45年）のこと。23歳だった。今や世界的に活躍するインテリアデザイナーの内田繁氏に内装を依頼し、白壁に黒いテーブルライトやシンプルなパイプ製椅子を配した店内は、目を見張るほどモダンだった。JBLのスピーカーを設置するなど音響にも徹底してこだわり、新旧揃うレコードは開店時で約600枚（閉店時は約6000枚）。ジャズ喫茶というより、高級なリスニングルームという印象で、お喋りなどしたら追い出されそうなほど静寂に包まれていた。ジャズ好きが独り静かに楽しむ、正統派の店だったのである。

東京にルートを持つ坂井さんは、海外の新譜をいち早く入手できることから、毎月第1水曜日に新譜特集を組んでいた。「フリージャズを特集したり、BOXセットをぶっ通しでかけたり、ジャズを広めるためにいろんなことをやりました」と当時を振り返る。今にして思えば、大都市として成熟する途中の札幌では、時代より少し早かったのかもしれない。

DATA

閉店年　1985年（昭和60年）
閉店時の住所　札幌市中央区南3条西5丁目、ホクシンセンタービル地下1階

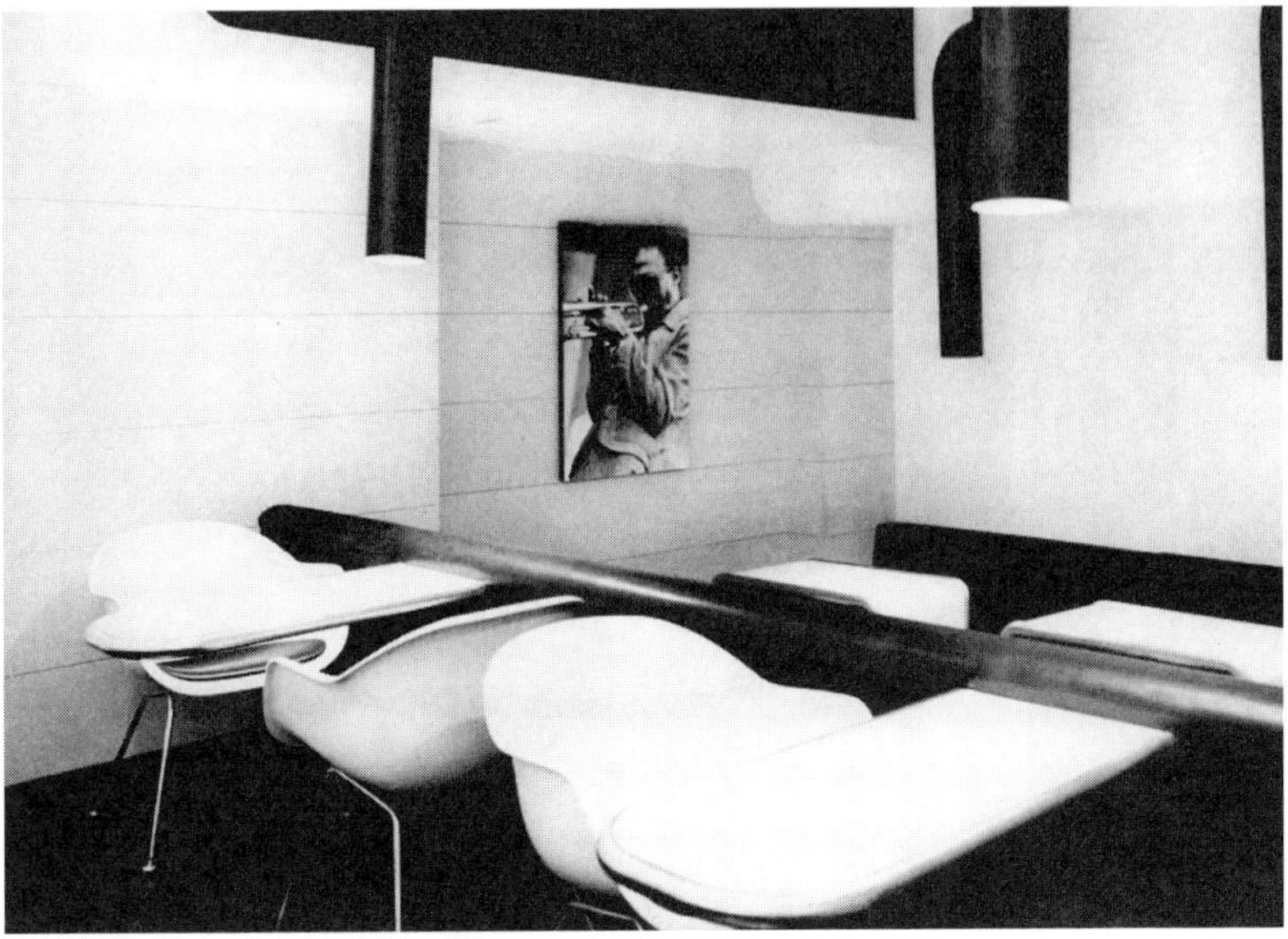

内田繁氏の手による、時代の最先端をいくモダンでスタイリッシュなインテリア

常連客だった沼山良明さんは、「先鋭的なニュージャズが聴けたし、評論家・副島輝人さんによるドイツのニュージャズフェスティバルの8ミリ映画を上映してくれたことも覚えています」。世界最先端の音楽シーンを紹介する非営利団体「NMA」を設立して40年余りの沼山さんだが、「その原点は、この店であるといっても過言ではありません」と言い切るほどだ。

その後、坂井さんは「自分のスタイルは築いたけれど、ジャズに熱くなれなくなって……。時代に合わせて〝軟化〟も出来ない」と85年に店を閉め、沖縄の与那国島で6年ほど暮らした後、再び帰札。97年に「さっぽろ珈琲工房」を任され、閉店までの12年間自家焙煎にいそしんだ。そして閉店から4年後の2013年11月、坂井さんは肺ガンで逝去された。

その翌月、飲食店「カリー乃《の》五〇堂《ごまるどう》」（中央区南8西10）を営む五十嵐広樹さんが始めたイベントが〝一夜限りのジャズ喫茶〟だった。敬愛する坂井さんから買い求めた大量のCDを中心に、毎月最終水曜日の午後6〜11時の間だけジャズ喫茶として営む。その際には、形見分けされたact：時代のロゴ入り玄関マットを必ず敷くという五十嵐さん。坂井さんが遺したジャズのDNAは、確かに受け継がれている。

マッチ箱のスミ

先鋭かつ本格派のジャズ喫茶だっただけに、店内の壁には「静かにして下さい」という張り紙が掲げられていたもの。

BOSSA

（ボッサ）

1971〜

時代の波に負けず 継続するジャズ魂

若き日のマイルス・デイビスのポスターが壁に飾られ、2台で470万円もする巨大なJBL（中でもファン垂涎のM9500）のスピーカーがそびえる「BOSSA」は、70年代に生まれ、今なお走りつづけるジャズ喫茶である。最大で60人は入れる店内には、日中は窓から陽光が差し込み、かつてのジャズ喫茶特有だった圧迫感がないのがいい。

店主の高橋久さんは、札幌市定山渓生まれ。予備校生の時に〝大将〟こと鎌田直之さんの「B♭」（p26参照）に通い詰め、大学進学後に3年ほどアルバイトをする。「大将にはジャズと酒を教えてもらいました。「JAMAICA」（p24参照）の樋口重光さんを親父とするなら、B♭の鎌田さんはその息子、僕は孫というところでしょうか」と高橋さん。

ジャズ好きが高じて大学を中退し、1971年（昭和46年）に中央区南3西4にあったラーメン店「源龍」の2階にBOSSAをオープンさせる。コーヒーは100円。「まだ100円札の時代で、スピーカーは国産の手作り、レコードは当初200枚ぐらいかなあ」と高橋さんは振り返る。6年後には五番街ビル3階へ移転し、売り上げはその頃が絶頂期だった。元旦の朝まで営業する大晦日の夜には、なんと約400人もの客が入ったという。「今も大晦日は朝までやりますが、お客さんは7、8人。こうなったら、意地で開けているようなもの」と笑う。

さらに6年後には4階へ移り、今度はライブハウスを兼ねた広い店を開く。3階跡には輸入盤を扱うタワーレコードが入居し、高橋さんはその札幌地区のマネージャーも務めた。93年（平成5年）には再び3階へ戻り、2008年に移転して現在に至る。取材時でレコード約9500枚、CD約6000枚を揃えていた。客層は10代から60代までと幅広く、中でも

トレードマークは穴から顔を出す男

DATA
住所　札幌市中央区南3条西4丁目、シルバービル2階
電話番号　011-271-5410
営業時間　11時〜深夜0時（無休）
コーヒー　490円（18時〜は590円）
駐車場　なし

店内窓際に鎮座する巨大なJBLのスピーカーは健在。店内には「B♭」を思わせる一角も(2004年撮影)

若い世代は見慣れないレコードや音響装置を珍しがるという。

高橋さんは、取材時も年2回は海外へ出かけて昔のレコードを買い集めていて、その数は年間500枚に上っていた。また、70年代半ばに日野皓正のコンサートを手伝って以来、数々のジャズライブを企画し、札幌のジャズシーンを支えてきた。「こんなに長くやるとは思っていなかった。おかげでジャズを除くとなにも出来ない人間になってしまって……」。

名実ともに老舗となったBOSSAだが、「一番辛かったのは「act：」(前項参照)が閉店した85年頃ですね」と高橋さん。というのも、レコードの枚数の多さと豊富なジャズ知識、優れた音響装置など、どれを取ってもジャズ喫茶の王道を行くact：に追いつけ追い越せが目標だったからだ。大きなライバルを失った彼が、それ以来、いかに孤高の境遇にあったかが窺い知れる。

そして今、大先輩のJAMAICA(現在はバーだが、昼間はコーヒーだけでもOK)を除くと、南3条通り界隈に残るジャズ喫茶はこの店だけになってしまった。幾度も移転を繰り返しながら、時代の波に負けず継続するジャズ魂。同世代の身として、熱いエールを送りたい。

マッチ箱のスミ

2008年11月に現在地へ移転。コンクリート打ちっぱなしの天井など、80年代のジャズ喫茶を思わせる雰囲気がステキ。

AGIT

（アジト）

1974～1982

東映仲町奥にあったジャズの秘密基地

特注した木彫りの看板が目印

DATA
閉店年　1982年（昭和57年）
閉店時の住所　札幌市中央区南2条西5丁目

通称・オヨヨ通り（中央区南2西5、仲通り）にかつてあった東映仲町は、現シアター・キノ館主の中島洋さんが営んでいた居酒屋「エルフィンランド」を始め、幾つもの小さな店が軒を並べる飲み屋街だった。2003年（平成15年）3月に閉館した札幌東映劇場の裏手に当たり、私と同世代で創造的な活動を目指していた人なら、一度は足を踏み入れたことがあるはずだ。その東映仲町の一番奥にあったのが、ジャズ喫茶「AGIT」。当時流行った〝アジテーション〟という言葉から連想して命名されたが、「ジャズファンの秘密のアジトにしたい」という思いも込められていた。

「名前が名前ですから、道庁爆破事件があった年は警察の取り調べがあって大変でした」と苦笑いするのは元オーナーの清原久典さん。清原さんは高校を卒業後、専門学校に通う傍らススキノの恵愛ビル地下にあったジャズ喫茶「モンク」でアルバイトを経験する。やがて会社勤めをするのだが、共働きの奥さんが出産で退職したのを機に、1974年（昭和49年）にAGITを開店する。短期間で閉店した前出モンクのジャズ系レコード1000枚をローンで譲り受け、会社員を続けながらサイドビジネスで店を営んだ。コーヒーは200円。まだ、LPレコードが1枚1200円の時代だった。

店の切り盛りをすべて店長の木俣宏さんに任せていた清原さんは、コーヒーを一度も淹れたことがなく、店に顔を出すのもお客さんとしてだけ。「背広姿じゃ浮くので、普段着にわざわざ着替えて店に行きましたよ。お金も払ってね」と語るように、陰のオーナーに徹した異色の人である。

客層は北大生を中心に学生が集い、当時のジャズ喫茶には珍しく、夜はお酒も出していた。サントリーホワイトのボトルキープが1750円、チャーム350円という値段が懐か

店名とは裏腹に、ジャズボーカルを静かに聴かせる大人の雰囲気だった

しい。特注だったという木彫りの看板が目印だが、店名のせいもあって入りにくい雰囲気の店ではあった。

ところが、25歳から5年間店長を務めた木俣さんにしてみれば、私が通った隣り合わせのエルフィンランドの方が、アウトローやアンダーグラウンドな世界の人たちの溜まり場に見えて、胡散臭かったという。それだけに、「うちは静かにジャズを聴ける大人の店でした」と振り返る。とはいえ、仲町にあったどの店も、新宿ゴールデン街を思わせる個性的なオーラを放っていたことは間違いない。

「好きなジャズを聴きながら楽しく仕事が出来たので、大切な青春の一ページです」と懐かしむ木俣さん。雪に埋もれて入り口のドアが開かなかったことや、屋根のツララが危険だったことなど、すべてが記憶の彼方……。やがて仲町自体の立ち退きで、82年にやむなく閉店することになる。

しかし、オーナーである清原さんの凄さは、立ち退きが迫る前に「AGITは一番奥まった場所にあったので、表通りに出してみたかったんです」と、時代を先取りした喫茶「CATCH・BOX」(p76参照)をオヨヨ通りに出したこと。この店もまた、80年代に一世を風靡する名店となるのだ。

マッチ箱のスミ

店の入り口に置いてあった、エマニエル夫人でおなじみの籐の椅子が印象的だったなあ。

神経質な鶏

（しんけいしつなにわとり）

1974～1984

静かな住宅街に現れた伝説のブルース喫茶

今や〝伝説の店〟ともいえるブルース喫茶「神経質な鶏」は、北海学園大裏手の静かな住宅地にあった。かの「スカイ・ドッグB・B（ブルース・バンド）」を始め、数々のブルースバンドがここを拠点に活動の輪を広げ、不定期に行われるライブにはお客さんが入り切れず、店の外に列を成すほど人気を集めた。わかりにくい場所なので迷う人も多く、「九条橋（南大橋）から音が聴こえるのでそれを頼りに来て下さい、と電話で良く答えましたね」と店主だった梶原信幸さん。現在も、音楽とわびさびを愉しむ日本酒とお茶の店「無茶法《ぶさほう》」を営む、札幌の音楽シーンを紡いできた先駆者のひとりである。

札幌で生まれ育った梶原さんがブルースと巡り合うのは、京都に住んでいた大学時代のこと。常に保守と革新の思想が激しく対立するこの街は、70年代に入るとジャズ喫茶やライブハウスが隆盛を誇り、若者文化の先端を走っていた。そんな街の音楽喫茶で出あったブルースに、梶原さんは心奪われる。そもそもブルースは、米国の黒人が苦しい生活を自ら慰めるために歌っていた労働歌や〝野良の叫び〟がルーツ。その哀調を帯びた素朴な歌唱は、ジャズの原点といわれる。

そして、帰札後の1974年（昭和49年）には、神経質な鶏を開店。店舗は自宅の半分を改造したもので、店内は赤と黒の2色。店名はブルースの隠語に由来する。コーヒー200円でスタートし、当初は25席だったが、余りの人気に3年後には改築して70席に広げた。それでもライブ演奏の際は店から人が溢れ、ドアを開けたまま外で聴いている人までいたという。また、いつも込み合っているので、「全学連が集会をやっている、と警察に通報されたこともありますよ」と梶原さんは苦笑する。

ちなみに前出のスカイ・ドッグB・Bは、ブルース好きの

鶏をあしらった真っ赤なマッチ

DATA

閉店年　1984年（昭和59年）

閉店時の住所　札幌市豊平区旭町5丁目

北海学園大の裏手にあった店舗には、ブルースはもとより幅広い音楽ファンが集まった

仲間が集まって75年4月に結成。ヴォーカル&ギター・伊藤和幸、リードギター・金安彰、ピアノ・信田和雄、ベース・水野俊介、ドラムス・船津康次というメンバーで、ここを拠点にライブ活動を始め、アルバムも出すなど、地元バンドとしては破格の人気を集めた。また、同年、梶原さんが大谷会館ホールで開催した第1回「ブルース収穫祭」には、約500人の観客が集まり大成功を収めた。若い音楽ファンの魂を揺さぶった〝収穫祭〟は、この店の主催でその後20回も続けられたのだ。さらに梶原さんは、83年に「ベッシー」(ベッシーホールは85年に誕生)、88年に「ミスジャメイカ」、95年に「ハバナ」など、多角的に店舗を展開。当初の役割を果たした神経質な鶏は、84年にその幕を閉じる。

取材の最後に、「梶原さんにとって、神経質な鶏ってなんだったと思う?」と私。「僕の音楽的な基盤。店を開いて11年もブルースという本物の音楽を聴き続けたお陰で、音楽全般に対して耳が肥えたと思う。今も自分の耳には自信があります」と梶原さん。2004年(平成16年)にはスカイ・ドッグB・Bを再結成し、10年ぶりにライブを開催。今も札幌の音楽シーンを精力的に紡ぎ続ける、その熱きハートに心打たれる。

マッチ箱のスミ

音楽系の店を営んできた梶原さんだが、最後と決めた店「無茶法」は、日本酒と抹茶が楽しめ、ずらりと揃う酒器も素敵デス。

バナナボート

1979〜1982

札幌の音楽シーンを熱くさせた仕掛け人

マッチにも南国の雰囲気が漂う

DATA
閉店年　1982年(昭和57年)
閉店時の住所　札幌市中央区南3条西6丁目

70年代半ば、札幌の南3条通りは音楽喫茶の宝庫だった。ジャズ喫茶では「B♭」「act:」「BOSSA」「BEAT」などが軒を連ね、ロック喫茶も「ロックハウス」「ぽっと」「祐天堂」など数多くあった。当時の一般家庭では、インスタントコーヒーが当たり前。本格的なコーヒーは、喫茶店でしか飲めない時代だった。また、若い世代がきちんとした音響装置で音楽を楽しもうとすれば、やはり喫茶店に頼るしかなく、音楽喫茶が隆盛した要因はそこにもあると思う。

南3条通りに面してはいたものの、普通の喫茶店だった「和田珈琲店」(p122参照)が突如、トロピカルなロック喫茶「バナナボート」に変身したのは、1979年(昭和54年)のこと。白壁に市松模様の床、店の前には観葉植物が置かれ、人気イラストレーター河村要助のデザインによるポップな看板に度肝を抜かれた。さらに、流れる音楽はサンバやサルサなど中南米の音楽やニューミュージックだったのである。「音楽ファンが集まり始め、いっそ音楽喫茶にしようと思ったんです。お酒も少し置きました」と店主だった和田博巳さん。

それまで薄暗い穴倉のような空間でジャズを聴き、70年安保の余波を引きずった暗い気分の我が身に、ここは余りにも明る過ぎた。今思えば時代の転換期だったのだ。この店の出現を境に、札幌にもコンクリートむき出しの壁と天井にプロペラの回るカフェバーが次々に登場する。常連客のひとりだった勇崎哲史さんは、「店主の人柄と、いつもヒントを与えてくれる音楽の先取性が魅力でしたね」と当時を懐かしむ。

ところで、その頃の音楽シーンで忘れられないのは、〝札幌ロック祭〟と銘打つ「ツーアウト・フルベース・コンサート」。第1回は77年、大谷会館ホールと中島野外音楽堂を会場に3日間行われ、東京から久保田麻琴と夕焼け楽団や細野晴

時代を先取りしていたトロピカル風の看板やインテリアなどに驚かされた

臣ほか、地元からはベイカーショップ・ブギーやスカイドッグB・Bなどが出演した。これも和田さんが、「地元ミュージシャンに発表の場を提供したい」と提唱し実現させたものだ。飲食店10軒の連合体〝十転満店〟に、喫茶「神経質な鶏」やライブハウス「JIPPY BUNNY」などが加わり、4年間も続けられたのである。

しかし、自らもバンドを率いるうちに音楽への情熱が再燃した和田さんは、82年に店を閉めて東京へ。やがて音楽プロデューサーとして頭角を現し、87年に制作したあがた森魚のアルバム『バンドネオンの豹』が高く評価される。その後もオリジナル・ラブや早川義夫などを手掛けるが、商業主義に迎合する90年代の音楽状況に嫌気がさし、再び帰札してバー「Tutti《トゥッティ》」を開くのだ（店は2005年（平成17年）に手放し、現在は東京でオーディオ評論家として活躍中）。

振り返ってみると、和田さんが店を営んだ8年間ほど札幌の音楽シーンが燃え上がった時期はないだろう。音楽喫茶のオーナーが一丸となって行動したこと自体も珍しく、「街は人なり」を体現した和田さんという人物の存在の大きさを、改めて痛感させられる。

マッチ箱のスミ

店内には焙煎したばかりのコーヒー豆の香りがたちこめ、情熱的な中南米の音楽と共に若者から圧倒的な人気を得ていた。

ウイーン

1959〜2017

常連客に愛された名曲喫茶の金字塔

閉店当初のカップ&ソーサーとグラス

DATA
閉店年　2017年(平成29年)
閉店時の住所　札幌市中央区南2条西7丁目(狸小路内)

名曲喫茶の金字塔ともいうべき老舗「ウイーン」は、古びた鉄骨が目を引く狸小路7丁目アーケード内にあった。地下への細い階段を下りて行くと、まずは洗練された音色でクラシック音楽が聴こえてくる。その荘厳なメロディーと、都市の喧騒とは無縁の静謐な空気に、まるで不思議の国へ迷い込んだ旅人のような感覚に襲われたもの。「いい音に接したいと思い続けて、造り上げた音色がこれ。今もそれに毎日浸っていられるのだから、幸せかもしれませんね」と、取材時ににこやかな笑顔で語ってくれたのは店主の横山信幸さん。

幼い頃から病弱だった横山さんは療養中、自宅のラジオから流れるNHKのクラシック番組に心を慰められることが多かった。以来、クラシック音楽にのめり込み、中学時代からSP盤のレコードを集め始め、やがてLP盤へと移行する。1951年(昭和26年)頃から発売されたLP盤は、日本でプレスしたものが2300円はした。教員の初任給が5500円の時代だから、相当に高価なものだった。そして、趣味で集めたレコード約200枚を基に横山さんが店を開いたのは59年、クリスマス・イブのこと。コーヒー50円でスタート、まだ24歳だった。部品を買って組み立てた手作りのスピーカーが、音質の良さで大変な人気を呼び、レコード室からスピーカーを通して自ら曲の解説も担当。初期のリクエストは、弦楽四重奏曲や室内楽曲が多かったという。

客層はサラリーマンや学生を中心に、札幌交響楽団や北大オーケストラ団員などの音楽関係者。60年安保や70年安保の時代には、札幌医大や北大、教育大の学生たちが、連日デモ帰りに立ち寄った。常連客の中には、レコードが回り始めると瞬時に曲名と作曲家を言い当て、オーケストラや指揮者、レコード会社や年代まで的中させた人もいるというから凄い。

巨大なスピーカーに向かって座席が整然と並ぶ店内。レコード室にはCDもあった（2004年撮影）

「元気のある曲の後には静かな曲、ピアノの後にはヴァイオリン、女性客の多いときにはロマンチックな曲を選んだものです」と、往時を懐かしむ横山さん。開店以来、ほぼ10年ごとに3度改装しているが、半世紀近くレコード室で選曲を続けながら店を営んできたことには、感嘆させられる。

座席数は60席から40席に減ったが、巨大スピーカー（マッキントッシュ290）に向かって、ボックス席が整然と並ぶスタイルは変わらない。昔と違うのは、お客さんに白髪の方が多いことぐらいだろうか……。開店30周年を迎えた90年（平成2年）には、常連客の手でささやかなパーティーも開かれた。懐かしい音楽や思い出話に花が咲き、そこから30周年記念誌『冬の旅』が誕生する。手作りの素朴な文集で、「マスター横山さんの健在を願う、ほんの一握りの人たちの思いが編み出した小冊子であることをお分かりいただきたいと思います」という前書きの一文に、その思いが込められている。

そして2010年の50周年には、常連客の手でお祝いの会が開かれたが、それから7年後、横山さんは高齢を理由に閉店を決断。その年の12月30日、数多くのファンに見送られながら、ついに半世紀に及ぶ名曲喫茶の歴史に幕を閉じた。

マッチ箱のスミ

早世した友人がこの店のウエイトレスに恋をして、自宅で井上陽水の「ジェラシー」を聴いていたことが、今も忘れられない。

ちょっと一服❷

細く長く愛された、クラシック喫茶

70年代の札幌は、ジャズやロック、ブルースなどジャンルを問わず音楽喫茶が花盛りだった。そのブームの陰で細く長く愛されていたのが、名曲喫茶ことクラシック喫茶。その金字塔といえば、狸小路7丁目で60年近く続いた喫茶「ウイーン」（p38）であることは、衆目の一致するところだろう。

札幌で一番古い名曲喫茶といえば、今はなき「ジャンボール」（中央区南2西5）だった。1階の「セコンド」がその前身で、なんと1937年（昭和12年）に開店。往時は1杯10銭の珈琲を飲みながら、お客さんがバッハやベートーヴェンに聴き惚れていたという。もっとも、私が知っている70年前後は、クラシックをBGM代わりに恋人たちが愛を語り合う場所と化していた。

北大正門前にあった「コンサートホール」（北区北8西4）は、67年に開店。北大生中心で、名曲喫茶の老舗だったが、後期には気さくな談話室に姿を変えていった。75年オープンの「憩」（東区北38東7）は、300万円余りを費やしたという豪華なオーディオ装置が話題を呼ぶ。交通の便は悪かったが、クラシックファンにはとても愛された店だ。南3条通りに面していた「ロマンツアー」（p70）は、1・2階が普通の喫茶店で、3階がクラシックコーナー。客層は学生からサラリーマンまでと幅広く、長時間粘る人も多かった。

本格的な音楽喫茶ではないけれど、バロック中心にクラシック音楽を流していたのが「つるの子」（北1西1、安田生命ビル地下1階）。レコードの持ち込みもでき、ビジネス街のサラリーマンにとって息抜きの場だった。北区にあった「クレモナ」（北16西5）は、店名が名器ストラディヴァリウスなど楽器の生産で有名なイタリアの地名に由来する。オーディオ装置の素晴らしさも、ファン垂涎の的だった。

80年にオープンし、話題を呼んだのが「西の宮」（大通西16、写真）である。道立近代美術館周辺の閑静な佇まいにマッチした、白と茶のシンプルな色調がシックだった。店内の中央にはグランドピアノが置かれ、月1回、プロの音楽家を招いてクラシックの生演奏、シャンソンやジャズのコンサートも行っていた本格派だ。しかし、この店もいつの間にか姿を消してしまった。

III・異人たち——出会いの場

包容力ある個性豊かな店主を慕い、
ジャンルを超えて多種多彩な若者たちが集まる
喫茶店は、まさに出会いの場でもあった。

ELEVEN

(イレブン)

1966～1988

若き才能の出会いが生んだ、静謐な空間

入り口に立つ真っ赤な帽子の鉄骨人形、壁にはボーンと時を告げる古時計、カウンター上には無数のコーヒーカップが連なり、BGMに低く流れるジャズ。20歳を過ぎたばかりの私には、寡黙なヒゲのマスター日比三裕さんが落とす濃いめのコーヒーを含めて、この店のなにもかもが新鮮に映った。

まるで危険な大人の領域に足を踏み入れたような気分で、吸い始めてまもない煙草をむやみやたらに吹かし、自意識過剰なほど気取ってコーヒーを飲んだものだ。映画館の帰り道に心ゆくまで一杯のコーヒーを味わい、その日観た映画の余韻を楽しめるようになったのはずっと後の話で、若い頃は背伸びして通っていた。

東京・新宿のジャズ喫茶でのアルバイト経験を持つ日比さんが、南3条通りに「イレブン」(最初はカタカナだった)を開いたのは、ビートルズが武道館公演のために来日した1966年(昭和41年)のこと。店名は、「自分が1月1日生まれなので命名してみました」と日比さん。コーヒーは80円～だった。

当初はごく普通の店だったが、常連客に家具デザイナーを目指す若者がいたことから転機を迎える。彼の名は今映人さん(p140参照)。「ホールステアーズカフェ」(p82参照)や小樽の「ロートレック」など数々の名店を手がけ、97年には「カフェ・ランバン」(p124参照)の外観デザインで、札幌市の都市景観賞を受賞した店舗設計の達人である。

弱冠20歳で初めて設計を任された今さんは、「最初は怖気づきましたね。でも、その頃流行の和風喫茶とは違った、コーヒーが似合う山小屋風の店をイメージしてみたんです」。壁や天井に板目を使い、床には赤レンガを敷き詰めたシンプルなインテリアは、花柄が主流の時代にあってまさに画期的だった。67年に、22歳の店主と若き才能の出会いによって生まれ

レンガの壁と鉄骨人形が印象的

DATA

閉店年　1988年(昭和63年)

閉店時の住所　札幌市中央区南3条西1丁目

当時としては珍しい木製のキャプテンチェアが、インテリアに溶け込んでいた

変わったELEVEN。以来、学生や会社員から画家や作家などの文化人までと客層が広がり、最盛期には1日の来客数が25の客席ながら200人を超えたという。

とはいえ、日比さんは「たまたま俺がオーナーだっただけ。様々な条件が重なった結果です」と謙虚に振り返る。確かに当時は、南3条通りをはさんで向かいの大谷会館にIVYファッションで有名な「VAN」の札幌支社があり、会館併設のホールでは通好みのコンサートや芝居、映画会がひんぱんに開催されていたもの。また、隣接の帝国座や幾つもの映画館を擁する須貝ビルが近かったことも味方したのだろう。

だが、真の魅力は、静謐で居心地の良い空間を演出した2人のセンスにあると思う。ほの暗いランプの下、ある時は友の失恋話を聞き、またある時は古時計を見詰めながら恋人を待ったことは、今も忘れられない。

やがてこのコンビは、そのセンスの結晶ともいうべき第2の店「北地蔵」(次項参照)の準備に心血を注ぐことになる。一方、ELEVENは、バブル景気がはじけた80年代後半に、立ち退きで撤退を余儀なくされる。掛け替えのない〝青春の思い出〟のぎっしり詰まった店が、またひとつ姿を消した。

マッチ箱のスミ

真っ赤な帽子の鉄骨人形はその後、時計台裏通りの「北地蔵」にお引っ越し。その店も今はすでになく、人形はいずこへ……。

北地蔵

（きたじぞう）

1975～2012

シックな配色に映えた北国の四季の移ろい

店頭の鉄骨人形も健在だ

DATA

閉店年　2012年（平成24年）

閉店時の住所　札幌市中央区北1条西2丁目、23山京ビル1階

時計台裏手の仲通りに位置する珈琲店「北地蔵」は、札幌パルコが進出した１９７５年（昭和50年）にオープンしている。名店「ＥＬＥＶＥＮ」を作り上げた店主・日比三裕さんと、店舗設計の今映人さんという名コンビが手掛けた2軒目の店で、古風な手染めの暖簾と青々と繁る鉢植えが、道行く人の目を和ませる。「前の店は人がメインだったので、今度はコーヒーの味を前面に出す店にしたい」と考えた日比さんは、大通公園より北側のビジネス街で物件を探していた。ようやく見つかったこの店は、観光名所に近く立地条件に恵まれてはいたが、喫茶店に不向きな細長いスペースだったため、日比さんも最初は躊躇したという。

しかし、今さんの考えは違った。「面白いと思いましたね。プランの展開次第では、今までにない喫茶店になりそうなので、創作意欲をかき立てられました」。日比さんの勧めもあって東京で本格的に店舗設計を学び、5年ぶりに帰札した今さんにとっては、格好な腕試しの機会となったのである。

70年代半ばにおいて、モルタルの白壁や黒塗りのカウンターなど、すべてをシックな色合いで統一した店内は画期的だった。トイレの中も黒一色で、奥のカウンター席が今でいうオープンキッチンの造りであることも含めて、どれほど驚かされたことか。奥の窓からは、夏に木々の緑、冬には降りしきる雪が眺められ、居ながらにして体感できる四季折々の風景が、コーヒーの美味しさを倍増させてくれた。そんな北国の季節を感じさせるこの店に入ると、「喫茶店は都市の顔である」というフレーズを思い出さずにはいられなかった。

それにしても、絶妙なのは店名だ。「まさしく、天の声ですね。無性につけたかった」と日比さん。愛知県常滑市出身ということもあり、もともと陶磁器や和風家屋など和モノが好

北国の四季を体感できる店内は、同じ空間に幾つもの顔を持っていた

きだった。中でも、控えめなお地蔵さんがお気に入りで、「そのような店になりたい」をコンセプトに命名したという。とはいえ、そこに西でも東でもなく〝北〟の文字を加えたところに、独自性が発揮されている。

さらにこの店の凄さは、自家焙煎コーヒーを始め、パンやアイスクリンなど、メニューがすべて自家製だったこと。いずれも店主が独学で習得し、北地蔵の開店から12年後には、手作りパンを中心に全国各地の自然食品を販売する「地蔵商店」(2012年閉店)もオープンさせるこだわりを見せた。

日比さんは、地蔵商店を開店した1年後、立ち退きのためELEVENを閉めざるを得なかった。以来、20年近い歳月が流れても、まだまだ店造りの夢を諦めず、「昔から街道に桜並木があるように、カフェが通りの街灯りのひとつになれば……」。北海道の澄んだ青空に映えるこれまで以上に美しい店を、道内のどこかの街で出したいですね」とその熱い思いを語っていた。一方、今さんも「人を包み込む空間を新しく創る、それに挑戦していくのが設計屋の仕事かもしれません」と意欲を見せていたもの。このコンビによる新たな店がついに実現しなかったことが、惜しまれてならない。

マッチ箱のスミ

開店当初、「この真っ黒の薄暗いトイレでは、化粧直しが出来ない」と文句をいう女性客が多かったそうだ。

のあ

1967～2009

低料金をつらぬいた深夜喫茶の草分け

かつての「ミニコミ図書館」

DATA
閉店年　2009年(平成21年)
閉店時の住所　札幌市中央区南4条西2丁目

かつて、ススキノには深夜喫茶が数多くあり、まだ語り足りない恋人たちや、終電に乗りそびれた若者たちが、始発までコーヒー一杯と軽食で何時間も粘ったものだ。中でも、通称・ススキノ大通り(国道36号)に面したうなぎのかど屋左隣の喫茶「のあ」(当初はノア)は、深夜喫茶の草分けだった。

そもそもは初代オーナーの大井峻介さんが、脱サラで1967年(昭和42年)に、民芸喫茶をイメージして開店した。祖父が民芸思想の詩人・石川一遼、父が農業技術者だった大井さんは、その影響を色濃く受けたせいか、進取の気風に富む精神の持ち主。翌年には、のあを日本初という24時間営業の深夜喫茶に切り替えた。コーヒーは90円でスタート。70年代半ばに200円となり、夜間はケーキなど菓子付きで350円にした。これが、爆発的な人気を呼んだのである。

約30坪の1階が喫茶で、2階は30人を収容できるレンタルルームとして開放。会社員時代に労働組合の委員長を務めた大井さんは、度量が広い上に好奇心も旺盛。店には、学生運動で挫折して北海道へ流れてきた学生を始め、履歴書を持たない人たちが仕事を求めて訪れたが、どんな人でも受け入れ、1日3交代のアルバイト勤務についてもらったという。

大井さんは、私が創刊から係ったタウン情報誌『月刊ステージガイド札幌』の初代オーナーでもある。まだステージガイドがタブロイド版の新聞だった時代に編集部に入ったことが、活字の世界に足を踏み入れるきっかけとなった。募集者の面接は、のあ2階で行われ、友人に付き添ってもらい、木製の階段をトントン上がったことを覚えている。OLから転職した後に紆余曲折した私の人生は、ここから始まったのだ。

その後、全国指名手配の詐欺師や自称詩人など、次々と奇怪な人たちに出会ったのも大井さんの縁。大井さん自身も不

元は「cafe GRECO」のレストラン部分だった2階フロアを生かした最後の店舗（2005年撮影）

思議な人で、ある時は東大を受験するといって受験勉強を始め、ある時は郊外レストランを経営して失敗し、またある時はビルのオーナーとして手広く事業を展開したこともある。今でも、「好奇心だけが人生さ」といって憚らない怪人物だ。ちなみに、のあは77年に手放している。

その大井さんから店を受け継ぎ、2代目オーナーとして店を守ったのが、元明治屋に勤務していた遠藤稔さん。80年から店内奥にミニコミ図書館を開設し、全国のミニコミ誌や同人誌、タウン情報誌などを揃え、果敢に情報発信の場を提供していた。82年には、のあ右隣に1階がカフェバー、2階がレストランという姉妹店「ｃａｆｅ ＧＲＥＣＯ《グレコ》」をオープンするも、3年ほどで閉店。同時に、のあがビル建設（現・ホシビル）で立ち退きとなったため、最初はＧＲＥＣＯの1階へ移転、その後2階に落ち着き15年ほど営んだ。

コーヒーが２００円、焼きそばでも４００円という低料金を、20年以上続けたのだから凄い（ただし、24時以降はコーヒーに深夜料金１００円がプラスされた）。「ノアが子供で、喫茶店は母なる大地だった」と往時を懐かしむ大井さん。そのポリシーは、最期までしっかりと受け継がれた。

マッチ箱のスミ

移転に次ぐ移転の末、２００９年（平成21年）9月30日に深夜喫茶の草分けが閉店。創業から40年余り、感慨深い……。

どッコ

1970〜1988

遊び心に溢れた若者文化の発信地

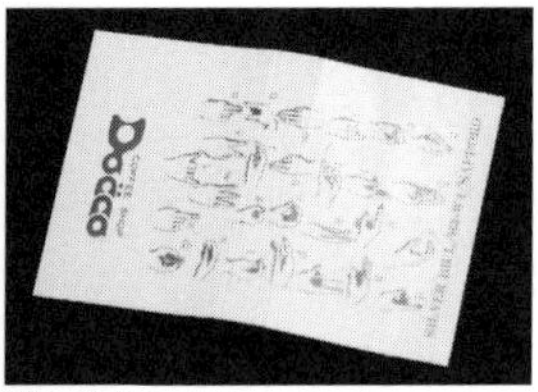

開店当初に使われていたマッチ

丸井今井・札幌本店の裏小路で、大繁盛する喫茶「うら」(p102参照)を営んでいた小助川克顕さんだったが、1969年(昭和44年)に立ち退きのためやむ無く閉店。その翌年、駅前通りに面するビル地下に開店したのが、珈琲屋「どッコ」である。店名の由来は、「どこ行こうかな、じゃ〝どッコ〟だ」という駄洒落。「どっこいしょの〝どッコ〟でもいいんですよ」と、小助川さんは笑い飛ばす。

遊び心に溢れた人だけに、新規開店のDM作戦が振るっている。うら時代の顧客500人を選び、3日おきに3度案内を出した。1回目は文字も絵も逆さに印刷したハガキ。2回目は「利用できましたらクラシックパンツとしてご使用くださいませ」と書かれた、長い巻紙にヒモのついた〝紙ふんどし〟。さすがに3回目はまともな内容だったが、「あなたは来なくてもいいから、お友達にあげてください」というコメント付きで招待券3枚を同封した。このDMの評判が口コミで広がり、開店時から大変な人気を呼ぶこととなる。

さらに、店内のど真ん中には長話OKの電話ボックスを設置し、全国の地方新聞を揃え、国内外の旅行情報を告知するなど、サービスを徹底。1杯180円が一般的な時代にコーヒーは240円もしたが、お替わり自由。当時としては画期的なTシャツとジーンズ姿の従業員や、隣り合わせの2人席や3人席もあるというアメリカンスタイルが新鮮だった。

近くにヤマハ楽器があったことも影響して、ミュージシャンと音楽関係者を中心に、デザイナーの卵やライターなど、多種多彩な若者たちが店に集まり、情報の坩堝《るつぼ》と化していく。フリーバザールや深夜のライブなど、イベントも目白押し。常連客だった小島紳次郎さん(コンサート運営会社「WES」社長)は、「オヤジがやらせてくれたんですよ」と、今で

DATA

閉店年　1988年(昭和63年)
閉店時の住所　札幌市中央区南3条西4丁目、シルバービル地下1階

アメリカンスタイルの先駆けともいえる店だったが、天井にはなぜか大漁旗が張られていた

も小助川さんのことを〝オヤジ〟と呼ぶ。

当時のことを小島さんは「青春の原点というより、今の僕の原点です」と振り返る。というのも、若き日にどッコの従業員用電話番号を自分の名刺に刷り込み、店を事務所代わりに使わせてもらっていたからだ。「いつまでも憧れのお洒落なオヤジですよ」と今でも尊敬の念を忘れず、年に1回は「オヤジを囲む会」を開き、語り合っているとか。

小島さんだけでなく、この店から巣立った人は数え切れない。雑誌や旅行ガイドで全国に紹介されたこともあり、観光客として訪れて従業員となり、そのままこの街に住み着いた人もいる。学生運動の残り火のせいか、まだ暗雲立ち込める70年代初頭だったが、若者たちが流動的に集まり、店には熱気が満ちていた。

でも、私にはその明るさが眩しく、必要以上に近づくことは出来なかった。今思えば、80年代に花開くサブカルチャーの先駆けともいうべき店だったのだ。小助川さんの粋な遊び心が、「この店に行くとなにかがある」という若者たちの期待に応えていた。若者文化の発信地ともなった店だが、80年代後半、その使命を果たしたかのように終焉《しゅうえん》を迎える。

マッチ箱のスミ

2人で座っても、3人で座ってもOKという椅子の配置など、ポップな店内にカルチャーショックを受けた人は多い。

佛蘭西市場

(ふらんすいちば)

1971～1987

"混沌"が生み出した芸術文化支える拠点

なんとススキノのど真ん中にあった

DATA
閉店年　1987年(昭和62年)
閉店時の住所　札幌市中央区南5条西2丁目

札幌がまだ若く、私も若かった70年代、喫茶「佛蘭西市場」はまぎれもなく文化サロンのひとつだった。とりわけ2階のフリースペースは、自主上映会や個展のオープニングパーティーなどにフル稼働し、小説家や画家、詩人、グラフィックデザイナー、映像作家など、多種多様な人たちが集まった。

この店は、浜野敏和・富美子夫妻が1971年(昭和46年)に開業。私の中学時代からの同級生・富美子さんが、旅先のドイツで知り合って結婚した相手が、敏和さん(通称TOSHI)だった。彼女から、喫茶店を開いたので一度来て欲しいといわれ訪ねたのが最初で、コーヒーは130円だった。

「パリのノミの市をイメージした」という夫妻の言葉通り、店内にはアンティークな時計やランプなどがずらりと並び、ヨーロッパ風の重厚なインテリアとあいまって独特な空間が形作られていた。内装は東京のインテリアデザイナーによるが、「当時、札幌で流行っていた「ELEVEN」「どッコ」を参考に、その上を目指したんです」と富美子さん。メニューにいち早くドイツ風ソーセージやカルボナーラを取り入れ、器は青盤舎が扱う和食器を使用。仏、独、和が入り乱れ、さらにTOSHIさんが営むスペイン酒場「TOSHI」が隣接していたのだから国際色豊か。というより、"混沌《こんとん》"という言葉の方が似合う店だった。

70年代初め、団塊の世代はどの方向に進むべきかを模索していた。挫折、諦念、無気力を乗り越えて、自己を確立するためにもなにかしたいと焦れていたのだ。そんな時期に出現した佛蘭西市場は、70～80年代にかけて、札幌の芸術文化を底から支えた拠点に成長していく。富美子さんは出産のため家庭に入るが、TOSHIさんは片腕のター坊こと藤村忠義さん(元・「ラ・ジール2」店主)と共に、佛蘭西市場とスペイ

アンティークが所狭しと並ぶヨーロッパ風インテリアの店内は、独特の雰囲気を醸し出していた

ン酒場TOSHIを拠点にその社交性を遺憾なく発揮する。

九州・大分県生まれの彼は、熱血漢で気っ風が良く、骨董と絵と映画をこよなく愛した。78年3月には、映画・美術評論で活躍した竹岡和田男さん、札幌凸版印刷（現パラシュート）会長の花井秀勝さん、そしてTOSHIさんと私の4人で同人誌『シネ・ブラボー北海道』を創刊。佛蘭西市場を編集部兼上映会場とし、16ミリ映写機で今村昌平監督の作品特集やフランス映画の往年の名作などを次々と上映した。

打ち上げでも良く使わせてもらった。「さっぽろ映画祭」のゲストだった大島渚監督や相米慎二監督、「秘密キネマ」なるイベントで招いた作家の沢木耕太郎さん、黒テント札幌公演の役者さんなど、多くの方々とここで交流を深めた。五木寛之さんのエッセーにも書かれたTOSHIさんの強烈な個性と率直さは、時にインテリの度肝を抜き、愉快なシーンの数々が展開されたものだ。もし、富美子さんが旅先で巡り合わなければ、彼が札幌に移住することもなかっただろう。

しかし、佛蘭西市場は立ち退きで87年に閉店。ELEVENやどッコも88年に閉店している。まさに、バブル景気が都市文化の拠点を駆逐したといっても過言ではないだろう。

マッチ箱のスミ

TOSHIさんは2005年（平成17年）夏、九州の福岡で亡くなったが、最後まで酒を飲み続けていたという……アッパレ！

唯我独尊

（ゆいがどくそん）

1972～1979

市内各校の高校生が通い詰めた〝解放区〟

店名からしてユニークな「唯我独尊」は、聞けばその生い立ちも面白い。オヨヨ通り沿いの東映仲町の奥まった場所、居酒屋「エルフィンランド」の真向かいにあり、そもそもは純喫茶として1972年（昭和47年）に開店した。初代は美人姉妹として知られた島本京子さんとその姉で、札幌南高の生徒を中心に高校生が数多く通い詰めた店だったという。

ところが、まだ20代だった美人姉妹は2年ほどで店を手放すことになり、後継者を探し始める。そこに登場するのが、2代目店主となった對馬郁子さん。当時、ご主人が「北州窯」を主宰する陶芸家で、陶芸教室の場所を探していた。そこでチャンス到来とばかり、「自分のお小遣い程度の資金でやりたい」と面接に行くが、20人も座ると満員になる小さな店内には、親衛隊の高校生たちがずらり。居並ぶ彼らに審査されたという。「様子を見に行っただけなのに、決められてしまって……」と苦笑する對馬さん。でも、さもありなん。北京で生まれ育ち、東京から夫の転勤で来札した彼女は、性格がおおらかで優しく、若者を相手にする喫茶店のママにふさわしい包容力の持ち主だったのである。

彼女が引き継いだ74年以降の唯我独尊には、公立、私立を問わず、市内各校の高校生が對馬さんを慕って集まった。まだ70年安保の残り火がくすぶる時代で、高校生も問題意識を持ち、制服撤廃などの運動にいそしんでいた。常連のひとりだった南高出身の藤岡賢次さんは、「カリスマ的な存在が何人も居て、音楽や文学にも造詣が深く、教わることが多かったですね。全員がタバコを吸っていましたが、背伸びをしたかっただけです」。彼らは問題を起こすことも無く、この店で勉強にも励んでいた。「その頃から良い子たちだとは思っていましたが、卒業後はみんな立派な大学に入るのでびっくりしま

マッチは初代が作ったものを使用

DATA

閉店年　1979年（昭和54年）

閉店時の住所　札幌市中央区南2条西5丁目

店は東映仲町（右）の奥にあり、故・對馬英二さん作の灰皿（左上）とカップ（左下）を使っていた

した」と對馬さん。東京女子医大の医者、海外支局勤務のジャーナリスト、外交官夫人など、第一線で活躍する顔ぶれが、ここから巣立っていったという。

しかし、陶芸教室が多忙になったため、對馬さんは5年後に店を譲る決意をし、新聞広告を出す。ところが、その広告が出た日に、2階のスナックから出火して店は全焼する。閉店に際して、常連のひとりでホテルのコックをしていた若者から、「これから独立して店を出すので名前を譲って欲しい」と熱心に頼まれ、對馬さんは快諾する。それが、後に富良野で成功するカレーの有名店「唯我独尊」である。

ところで、当時コーヒーは１５０円。10円値上げするだけでも高校生たちの抵抗に遭い、大変だったという。お金儲けのために始めたのに、結局は出来なかった。しかし、「自分の人生の中で、お金では買えない誰も味わえない経験ができて、本当に楽しかった」と振り返る對馬さん。都市の裏通り、しかも小さな飲食店の密集する東映仲町で、わずか7年余りしか存在しなかった喫茶店。それが、いつまでも人々の記憶に残るとは……。喫茶店文化が果たした大切な役割の一面を、象徴するかのような店である。

マッチ箱のスミ

對馬さんにインタビューをして、初めて富良野のカレー店「唯我独尊」の由来を知り、とてもうれしくなってしまった。

アイス・ドアー

1975〜1977

BGMはフリーダム
愛された自由奔放さ

レンガの部分に店名の看板が

DATA
閉店年　1977年(昭和52年)
閉店時の住所　札幌市中央区南2条西6丁目

私にとって、青春時代を強烈に思い出させるオヨヨ通りは、距離にすると約300メートル、そう、グリコ一粒で歩ける短い道のりだ。かつては〝喫茶店銀座〟として知られ、「VIDERO」「AGIT」「CATCH・BOX」に加え、「唯我独尊」「ルパン」「27CENT」など、綺羅星のごとく喫茶店が軒を並べていた。中でも、西6丁目に面した音楽喫茶「アイス・ドアー」は、名前と違って冷房は効かず、夏は窓がいつも開けっ放しになっていて、妙に気になる店だった。

店主は、札幌のジャズバンド「ザ・しかし」のボーカリストとして活躍した別所徹一さん(現・ラーメン「一徹」店主)。豊富町生まれの別所さんは、高校卒業後、札幌グランドホテル洋食部での修業を経て、約2年半アメリカを放浪する。その時、ロサンゼルスで通い詰めたディスコの名前が「アイス・ドアー」。店名はそこから命名された。

帰国後、別所さんは小さなスナックを経て、元は倉庫だったスペースの入り口部分を借り、1975年(昭和50年)にアイス・ドアーを開店する。横長の造りが特徴で、6、7人座れるカウンター席とボックス席が2つあるだけの小さな店だった。コーヒー200円でお替わり自由。コック見習いの経験を生かし、ケチャップではなくトマトソースから仕込んだ〝ちゃんとしたナポリタン〟やサンドイッチ、グリル・ド・チキンなど、充実した食事メニューが人気を呼ぶ。

BGMもロックやジャズはもとより、フォーク、流行歌などフリーダム。その自由奔放さが良かったのか、音楽関係者や高校生、大学生など、若い人たちがこぞって通い詰めた。「冬は寒くて、夏は暑い店でしたね。ビンボー暇なしだったけれど、やっていて楽しかった」と別所さんは振り返る。

常連客のひとりだった元・札幌市職員の阿部大さんは、「学

店内はアメリカの臭いを強く感じさせる、カントリー調のインテリアでまとめられていた

生時代は、ほぼ毎日通っていたかな。開いた窓が北向きで、夕日が美しく見えたんです。することもなく、いつもボーっと眺めていましたね」。70年代の喫茶店は、家では飲めない本格的なコーヒーがウリだったが、加えてレコードを聴く場であり、友人と議論する場であり、デートの場でもあった。

利用方法は人それぞれで、そのうちのひとつに〝有り余る時間を費やす場〟というのがある。わかりやすくいうと、暇つぶし。合理的ではないが、若い時代にはどうしても無為な時間を過ごさざるを得ない時期というのがある。そんな時、私たちの世代は、包容力のある喫茶店のマスターが親代わりに見守ってくれたものだ。その意味で、自ら「若い頃はフーテンだった」と飾らずに語る別所さんの飄々としたキャラクターが、この店の一番の魅力だったと思う。

75年といえば、中島みゆきが「時代」、荒井由実が「ルージュの伝言」を発表し、音楽の世界もフォークからニューミュージックへと激変していく。札幌にも急速な都市化の波が押し寄せ、アイス・ドアーも2年半後には立ち退きの憂き目にあう。もっとも、冒頭に名前を挙げた喫茶店はすべて今はなく、オヨヨ通りも猥雑な魅力を失ってしまった。

マッチ箱のスミ

別所さんは現在、狸小路7丁目でラーメン店兼居酒屋の「一徹」とジンギスカンの「アルコ」を営んでいます。

ちょっと一服③

全国に先駆けた、タウン情報誌事始

タブロイド判の新聞から衣替えをして、札幌初のタウン情報誌『月刊ステージガイド札幌』を創刊したのは、1972年（昭和47年）8月のことだった。全国的な存在となる『ぴあ』の創刊が7月だから、1カ月しか違わない。全国に先駆けて誕生したタウン情報誌だと、今も自負している。

それまでの経緯を短く語ると、私は短大卒業後、損保の会社でOLを経験。しかし、どうしても活字に携わる仕事がしたく、OLを辞めてステージガイド札幌編集部に入る。オーナーは喫茶「のあ」（p46）の店主・大井峻介さん、編集長は成川純さんだった。

経済的に恵まれた仕事を捨てて入った職場だったが、3カ月もしないうちに編集長が警察に逮捕される。聞けば、全国指名手配の詐欺師（名前は偽名で、髪を長くしメガネをかけて変装）だったという。しかし、雑誌の創刊は既に決まっていたので、学生時代の友人や知人に力を借り、何とか発行までこぎつけた。創刊から3号まで出したところで、今度はオーナーに「資金が続かないので休刊する」と宣告される。結局、雑誌の権利を譲り受け、オーナー編集長となったのは22歳の時だった。

あの時、雑誌を引き受けなければ、今頃どんな生き方をしていただろう。当時は、学生運動で挫折したヒッピー風の長髪の若者たちが世に溢れ、志さえあれば何か出来そうな隙間のある時代だった。人に使われることが出来ない人は自ら事業を起こし、今は社長となっている友人知人も多い。

私は3年で雑誌を軌道に乗せ、ラジオとテレビの仕事をしていた冨原信一郎さんと一緒に会社を設立する。しかし、志が異なることに気づき、自分が育てた情報誌の権利を手放して、76年4月に編集工房「プロジェクトハウス亜璃西」を設立。それが、2024年（令和6年）で36年目を迎えた出版社「亜璃西社」の原点となったのである。

その間、札幌では岩橋印刷の『さっぽろタウン情報』、サザエ食品がバックの『イエローページ』など続々と新しいタウン情報誌が創刊された。しかし、今も健在のタウン誌は『Otone』と『Poroco』くらい。それまでの変遷と、携わった面々の奮闘ぶりを見てきただけに、感慨もひとしおだ。

IV. カフェへの変貌 ——フード編

80年代以降、フードメニューを看板にする店が次々に登場。「コーヒーを飲むところ」という喫茶店の概念を打ち破り、カフェへの変貌が始まる。

さえら

1975～

女性客に支持される絶品サンドイッチ

地下にある店内へのアプローチ

DATA
住所　札幌市中央区大通西2丁目、都心ビル地下3階
電話番号　011・221・4220
営業時間　10時～18時（17時30分ラストオーダー、水曜休）
コーヒー　ブレンド580円～（サンドイッチ:フルーツと野菜750円）
駐車場　なし

モーニングタイムを除くと、女性客が99％を占めるという喫茶「さえら」。その店内は、時にけたたましい嬌声がこだまし、明るい活気に満ちている。しかも、ほとんどの客がサンドイッチをほおばっていて、今や喫茶店というよりも〝サンドイッチの店〟として名を馳せているのだ。

店主の田村伸さんは、大学卒業後、和菓子の「一爐庵」喫茶部で6年ほど修業。その後、1975年(昭和50年)に独立し、中央区大通西14丁目で開業する。近くには裁判所や病院などが立ち並び、どちらかといえばビジネス喫茶の性格が濃かった。店名はフランス語で「あれこれ」という意味。「昔、雑誌『アンアン』に同じタイトルの連載コラムがありましてね。エトセトラと同じ意味で、いいなあと思って……」と田村さん。

通常の喫茶店とは違い、当時のビジネス喫茶は軽食を出すのが当たり前。そこで、何か独自のものをと田村さんが考えていた時、『平凡パンチ』の表紙で知られるイラストレーターの大橋歩が、フルーツサンドの美味しさを語ったエッセーを目にする。早速、フルーツサンドで知られる東京の千疋屋まで出かけて実際に食べてみるなど、田村さんは試行錯誤を重ね、移転2年目からメニューに出し始める。これが、現在に至るまで人気メニューの座を守り続ける、看板のフルーツサンド誕生の経緯なのである。

きめの細かい厚めのパンの間には、赤のイチゴ、緑のキウイ、黄色の黄桃などが生クリームと一緒に挟まれて、ボリューム満点。舌触りも実にソフトで、甘さが苦手な人でもすんなり食べられる。さっぱりとした後味がいいのだ。「パンが薄くて中身が少ない、というサンドイッチのイメージを覆したかったんです」と田村さん。切り揃えられた断面からは、色

都心部のビル地下とは思えない広々とした空間に２人用のボックス席がズラリ（2005年撮影）

鮮やかなフルーツが顔を出し、目にも鮮やかに映る。

さらにその後、２００２年（平成14年）に東京で行われた催事で田村さんが開発した「たらばガニサンド」もラインアップに加わり、絶大なる人気を博す。パンの間に挟まったカニの身のほど良い塩気と甘みが、絶妙なハーモニーを生み出している。さらに、卵、コロッケ、ポテトサラダ、コンビーフ、メンチカツ、スモークサーモンなど具材は15種類以上あり、サンドイッチ専門店としての面目躍如といったところだ。

ところで、16年間営業した最初の店を閉じて、現在の場所に移転したのは90年（平成2年）のこと。人気のサンドイッチをメインに都心部への進出を試みたのだ。店内はカウンター7席、2人がけのボックスが17ある。ボックス席は人数によって組み合わせが自由で、どこに座っても落ち着ける。

「かつて喫茶店は、居心地の良い安らぎの空間を提供するのが目的でした。でも、今は美味しいものを提供することが、この店最大の使命だと思っています」と田村さん。都心部から喫茶店が次々と姿を消す中、サンドイッチをメインに盛況を見せるさえら。その誠実な姿勢が客にも伝わるからこそ、今のような盛況が続くのだろう。

マッチ箱のスミ

特注のパンは開店時から地元・京田食品の製品。焼き立てのパンを1日寝かせて、余分な水分を抜いている。

ZAZI

（ザジ）

1976〜

若者から支持された豊富なフードメニュー

初代「ZAZI」の外観

DATA
住所　札幌市中央区南2条西5丁目1
電話番号　011・221・0074
営業時間　11時〜19時（18時ラストオーダー、火曜休、月2回不定休あり）
コーヒー　530円
駐車場　なし

老舗の喫茶店「コージーコーナー」（p92参照）創業者の楠野好孝さんに伺ったことがあるのだが、西5丁目通りの南2条周辺はその昔、〝喫茶店銀座〟と呼ばれていたそうだ。確かに東向きだけでも、名曲喫茶「シャトオ」や「セコンド」（2階がクラシック喫茶「シャンボール」）、コーヒー自慢の「オットー」などが立ち並び、とても華やかな通りだった。そのシャトオ跡を改装して今も続くのが、可愛い木製看板が目印の喫茶「ZAZI」である。

店主の金子めぐみさんが、姉の真紀子さん（元・澄川「ざじ」店主）と1976年（昭和51年）に、かつてホテルオークラのあった中央区南1西5で開店。コーヒーは250円だった。店名は「テレビ番組に出ていたカッコイイ男優の役名がザジで、お店を出すならこの名前と決めていた」と金子さん。映画『地下鉄のザジ』の存在を知ったのは、かなり後のことだったとか。

最初の店が約4年で立ち退きとなり、現在地へ移転したのは81年のこと。天井の高い吹き抜けの1階建てだったが、2階部分を増築して約45人収容の大きな店に改装した。木製の丸テーブルと椅子が置かれた1階からは、一段高くなった舗道を行き交う人の姿が眺められ、冬は2階の大きな窓越しに、降りしきる雪を眺められるなど、どこかパリのカフェを思わせる雰囲気がいい。

本来は喫茶店なので、コーヒーがお目当てと言いたいところだが、この店の魅力はフードメニューの充実にある。冬の寒い日にはウインドー越しに、看板メニューのクリームシチューを食べている若いカップルの姿を良く見かける。ホワイトとブラウンからルーを選ぶことができ、具材もカボチャやチキンときのこなど種類が揃う。ドリンク類では、かすかな

路面から1段低くなった1階フロア。そこからの街の風景もお洒落に見えてしまう（2005年撮影）

酸味がクセになるパワードリンクも名物。「銭湯のフルーツ牛乳が好きだった兄の提案で、似た味をと牛乳に業務用の濃縮オレンジを加えて生み出しました」と金子さんは語る。

ちなみに私の場合は、「ザジミート」というスパゲティのミートソースがお気に入り。挽き肉がたっぷり入ったソースに卵黄を混ぜ合わせて食べるのだが、アクセントの青ジソと微妙な辛さが実にいい味を出しているのだ。この店ならではの独創的な味で、まだスパゲティがミートとナポリタンしかなかった時代を思い出させる懐かしさがある。

今のようにカフェ飯が当たり前の時代とは異なり、昔は喫茶店とレストランが住み分けされていた。それだけに、恋人たちがコーヒーを飲めて気軽に食事も出来るこの店は、都心部でも稀少な存在だった。最盛期には、土・日曜の客が１日２００人を超える人気店となったのもうなずける。

「昼はＯＬ、夜は会社員を狙って始めましたが、実際はキラキラした瞳の若者が多かったですね。高校時代は私服で行くのが冒険でした、と卒業後に告白するＯＬの方もいました」と、金子さんは懐かしむ。今では信じられない話だが、昔の高校生は喫茶店への出入りが禁じられていたのだ。

マッチ箱のスミ

金子さんは「櫻月／サクラムーン」店主だった鯨森惣七さんの実の妹。兄妹４人はいずれも自営業を営んでいたそう。

TOMATO MOON

(トマトムーン)

1980〜1990

個性派店主の夢が〝店は人なり〟を体現

明るい店内はあの頃の西海岸風

DATA
閉店年　1990年(平成2年)
閉店時の住所　札幌市中央区南1条西24丁目

　高級マンションが林立し、若い女性たちの憧れの的となっている円山の裏参道エリア。ここが80年代、観光客からも熱い視線を浴びた人気スポットだったことを覚えているだろうか。画家に愛された山本理容院や銭湯の勇湯など、昔ながらの佇まいを残す店に最先端を行く飲食店やブティックなどが加わり、新旧の店舗が混在する界隈性のあるエリアだった。

　なかでも異彩を放っていたのが、１９８０年(昭和55年)開店のカフェレストラン「TOMATO MOON」。コーヒー300円を始め、スパゲティや自家製ケーキなどフードメニューが多彩で、夜はアルコールも出していた。いわば、イタ飯やカフェ飯の走り。当時のメニュー表を見ると、「あさり・ペッパー・スープ・スパゲチ」「タラコとナスのソース・スパゲチ」など、スパゲティがすべて〝スパゲチ〟と表記されているのがユニーク。今でこそパスタと呼ばれるが、昔はスパゲティが当たり前。それを敢えて自分流で表記するあたりに、店主・鯨森惣七さんの心意気が現れている。

　イラストレーターであり陶芸家でもある鯨森さんは、室蘭市生まれ。海人《あま》を描きたくて、20歳から5年間、八丈島で漁師を経験する。その後、東京でのCM制作の仕事を経て、札幌で広告関係の会社に勤務するが、8カ月でリストラの憂き目に……。そこで、飲食店を開こうと考え店舗を探していたところ、裏参道でたまたま空き家の張り紙を発見する。北海道神宮の裏手へ通じる裏参道は、わずか800メートルほどの道で、当時は「道路の中央が丸く盛り上がり、降った雨が自然に路肩へ流れるようなところでした」。

　そんなのんびりとした下町情緒に惹かれて開店してみたが、夜8時を過ぎると周囲は真っ暗闇。でも、それに負けじとばかり、翌年からは深夜2時まで営業した。「街灯の役目を果た

東京・原宿あたりのブティックを思わせるお洒落な外観が目を惹いた

し、電気代が相当かかりました」と鯨森さんは苦笑する。店名は、八丈島時代から飲食店を開く時にはと心に決めていたもの。「家の近くにトマト畑があり、月の光に照らされてとても美しかったから……」と、鯨森さんは少年のようにはにかみながら話してくれた。

裏参道が自然発生的に若者の人気エリアとなっていくのは、80年代に入ってからのこと。鯨森さんが実行委員長となり、地元の若手経営者を中心に企画されたイベントが「桜まつり」。86年に第1回が行われ、ストリート・パフォーマンスや参道ノミの市など様々な催しが行われた。5月中旬の2日間で約10万人が参加、大いに盛り上がりを見せたという。しかし、桜まつりは4回で中止。やがて、祭りの賑わいをピークに街並みも変わっていく。本州資本による土地の地上げ、買い占めにより、歴史ある建物がひとつずつ消えていったのだ。

そしてTOMATO MOONも、90年(平成2年)に立ち退きのため閉店する。「20代は社会に認めてもらえなかった僕が、この店で受け入れられ、自分の存在を確かめられて幸せでした」と語る鯨森さん。〝店は人なり〟という言葉にこそ、この店が若者から絶大なる人気を集めた理由があったのである。

マッチ箱のスミ

ソーセージが付く人気メニュー・パワーランチは、「櫻月／サクラムーン」（次項参照）へと受け継がれていく。

櫻月／サクラムーン

1990〜2012

桜の木が招いた和洋折衷の別世界

1階の庭に面した店内（93年撮影）

DATA
閉店年　2012年（平成24年）
閉店時の住所　札幌市中央区南6条西26丁目

鯨森惣七さんが営んでいた裏参道の「TOMATO MOON」（前項参照）は、1990年（平成2年）に立ち退きのためやむ無く閉店する。そして心機一転、同じ年に開いたのがカフェレストラン「櫻月／サクラムーン」だ。

円山の閑静な住宅街、環状通り沿いの角地にある和洋折衷の古民家を改築したもので、もとは54年（昭和29年）に建てられた木造民家だった。大学教授の持ち家（女性として北大で初めて教授になった数学者の桂田芳枝さん）で、建物の設計も桂田さん自らが考案したと伝えられている。

そもそも鯨森さんは、80年代の初めから「庭に桜の木がある一軒家を、アトリエ兼自宅に購入したい」と、不動産屋に依頼していた。それっきり本人は忘れていたが、なんと6年後にこの木造民家の話が舞い込んできたという。何といっても魅力的だったのは、1階がフローリング、2階が畳という和洋折衷の造り。持ち主だった大学教授は、外国人を招いて2階の座敷で宴会を開いていたといわれ、そこから眺められる樹齢約50年の桜の木も素晴らしいものだった。

「僕は桜の木に呼ばれたんだと思いますよ」と語る鯨森さん。本当は住まいを探していたのだが、即座に店舗にすることを決めた。同時に、裏参道では最後の1軒となってまで立ち退きに抵抗していたTOMATO MOONも、時代の流れには勝てず最早これまで、というタイミングでもあった。

こうして生まれたサクラムーンは、1階にテーブル席とカウンター席を配し、2階の座敷はそのまま生かして天窓付きの部屋を設けた。さらに、多くの人に眺めを楽しんでもらいたいと庭に面した1階部分を増築し、オープンテラスも設置している。素朴な木製テーブル席が幾つも置かれたテラスでは、桜の季節なら花見をしながらティータイムや食事、そし

居心地のいい和洋の空間に加え、四季の移ろいを楽しめるテラス席も用意されていた（2004年撮影）

てお酒も楽しめる趣向となっている。

年季の入った、良く使い込まれた木製テーブルには、陶芸家でもある鯨森さん手作りの灰皿が置かれ、食器もすべて鯨森さん作陶のものを使う。それらがすべて溶け合うことで、独自の世界が作り上げられている。また、駐車スペースの真ん中には、切るには忍びなかったという白樺の大木がそびえるなど、そこかしこに店主の人柄が感じられる。

フードメニューは当初、和食が中心だった。しかし、オープン1年後には「ホタテとエビのオムレツのオムライス」や「ワタリガニの赤のカリー」など洋食メニューが登場し、以後はそれがベースとなる。メニューは2005年に一新されるが、開店以来人気の「桜のアイスクリーム」700円（2〜3人用）や「パワーランチ」1000円は健在だった。

桜や楓の青々とした葉が風にそよぎ、木漏れ日がキラキラと輝くテラス席で独りアイスティーを飲めば、まさに別世界で、都市の喧騒を忘れて、ほっとするひと時を過ごすことが出来たサクラムーン。鯨森さんいわく、「昼下がりもいいけれど、黄昏どきも格別ですよ」。いつしか闇に変わる薄暮の中で、1日の終わりを惜しむのも素敵だったに違いない。

マッチ箱のスミ

05年12月には、鯨森さんから女性オーナーの木村晴美さんへと経営者が交代したが、建物老朽化のため閉店している。

カフェ・エッシャー

1989〜

都心部で愛される喫茶店の本格カレー

札幌第一ビル地下にあった旧店舗

DATA
住所　札幌市中央区北2条西3丁目、第25桂和ビル地下1階
電話番号　011・231・4430
営業時間　11時30分〜15時30分（15時ラストオーダー、土・日曜・祝日休）
コーヒー　400円（カレーは850円〜）
駐車場　なし

「ここは以前、証券会社の金庫室だったので、携帯電話は使えないんです」と、今から20年ほど前の取材時に語っていたのは、店主の木村歓一郎さん。喫茶「カフェ・エッシャー」の旧店舗は、移転前も駅前通り沿いのビル地下にあり、当時の店に至るまでの入り組んだ通路はまるで迷路のよう。まさしく、オランダの画家エッシャーの絵に通じるものがあった。

かつては、モダンジャズが低く流れる正統派の喫茶店だったこの店。それが、いつの間にかカレーライスで有名になった。「カレーも美味しい店を目指していたのですが、最近はコーヒーも美味しいカレー屋さんといわれています」と木村さんは苦笑する。釧路市生まれの木村さんは、高校時代に地元のジャズ喫茶「ジスイズ」で洗礼を受け、熱烈なジャズ喫茶ファンとなる。札幌に移り住んでからも、老舗の「ＪＡＭＡＩＣＡ」「Ｂ♭」「ａｃｔ：」を中心に「アイラー」「グルーヴィ」などに通い詰めたという。

やがてジャズ喫茶を開くのが夢となり、実現に向けて木村さんは動き始める。ジャズは独学だが、コーヒーの淹れ方は丸井今井百貨店前にあったコーヒー専門店「バロック」で7年ほど修業して習得。独立を果たすのは１９８９年（平成元年）のこと。予算が無かったため、幅80㎝のカウンターは小学校を建てるときに余った木材、岩のような質感の壁紙はビル建設の残りを譲り受けるなど、様々な人の支援を受けて開店に漕ぎつけた。ジャズの流れる喫茶店だった頃の片鱗を残していたのは、店内に置かれたＣＤの飾り棚。オートチェンジャー付きのプレーヤーで常時ジャズを流し、並べられたＣＤのジャケットでその日の選曲がわかる仕組みだった。

人気のカレーライスは、当世流行のスープカレーではなくルータイプ。褐色になるまでじっくり煮込まれたカレーを口

天井の高い店内は地下にありながら開放的。壁には旧店舗同様、エッシャーの版画が飾られている

に含むと、コクのある味わいと共に洗練された旨みが広がり、思わず顔がほころぶ。昔、ホテルのレストランで食べた味に辛みが加わった感じで、ベーシックな味わいに仕上がっている。さらに、薬味の真っ赤な福神漬けと緑の野沢菜が、千切りキャベツのサラダと相まって郷愁を誘う。

開業の際、ビジネス街という場所柄から軽食を用意しようと考えた。しかし、檀一雄のエッセイ『檀流クッキング』に影響を受けていた木村さんは、炒飯やスパゲティなどありきたりのものは嫌だったので、カレーライスを自分流に工夫して作ってみた。すると、これが仲間内で好評を得たので、ランチに出し始めたという。やがて、ランチタイムの終了後もカレーを注文するお客さんが引きも切らない人気メニューとなり、現在はカレーをメインにした喫茶店となっている。

当初目指したジャズ喫茶は実現できなかったが、「望まれるものを提供するのは当然です」と語る木村さん。ひと口に喫茶店といってもスタイルは様々だが、この店やサンドイッチの「さえら」(p58参照)など、独自の創意工夫で看板となるフードメニューを確立したからこそ、競争の激しい都心部で生き残ることが出来たに違いない。

マッチ箱のスミ

2021年(令和3年)12月、お隣の第25桂和ビル地下に移転。お客が3割も増えたそうで、これからも末永く頑張ってほしい。

ちょっと一服④

我が愛しのナポリタン

今でこそ、パスタの種類はペペロンチーノやカルボナーラ、ボンゴレなど数多くある。でも、私が高校生だった昭和30年代の終わり頃は、専門店でもミートソースとナポリタンの2種類しかなかった。専門店といっても、今は丸井今井大通館になっている場所で営業していた、「マカロニキッチン・ママ」(中央区北1西3、時計台文化会館地下に移転後、閉店)1軒のみだった。

ステンレスの皿で出されるシンプルなもので、確か値段は100円。しかも、呼び名はパスタではなくスパゲッティ。自社のガイドブックを編集した際も、カタカナ表記で「スパゲッティー」と音引きするか「スパゲティ」と小さい「ッ」を省略するかなど、いろいろ悩んだことが思い出される。

それはさておき、スパゲッティ専門店であっても、ミートソースなら、メニューに残る店はまだある。しかし、ナポリタンは全くといっていいほど姿を消してしまった。特にナポリタンに愛着のある私には、「どうしてだろう」と不思議で仕方がないのだ。

そもそもナポリタンという名前からして怪しく、改めて『料理食材大事典』(主婦の友社)で調べてみても出てこない。本場イタリアにもそんなメニューは無く、日本独自のものらしい。でも私は、喫茶店で良く食べたナポリタンが大好きで、今でも時々、無性に食べたくなる。麺は軟らかく、具といえばタマネギとハム程度、ケチャップでシンプルに味付けされたあの味である。そういえば、このナポリタンが熱々のステーキ皿の上に盛られて出されていた時代もあった。

思えば、スパゲッティでもハンバーグでもステーキ皿で出されると、当時はなんだか1ランク上の、高級な食べ物のような気がしたものだ。最近では、さすがにステーキ皿で出す店は少ないが、懐かしいナポリタンをメニューに出す店はまだ残っている。例えば、狸小路6丁目の「新倉屋」2階喫茶部や、同2丁目にあるビヤホールライオン狸小路店のランチなどで味わえる。

今でも、市販のお弁当の隅には、必ずといっていいほど入っているナポリタン。密かに愛している人は多いはずで、〝ナポリタン同盟〟でも結成しようかしらん。

V.

カフェへの変貌
——インテリア編

薄暗くて狭い——そんな従来のイメージを覆す、明るくモダンなインテリアの店が、80年頃から急増。今に繋がる、新しいスタイルを切り開いていく。

ロマンツアー

1969～1983

時代の先端走った センス溢れる店造り

喫茶「ロマンツアー」は、中島みゆきの唄にも登場する南3条通りにあり、4階建てビルの1～3階を占める大きな喫茶店だった。最初は1、2階が普通の喫茶店で、3階をバロックやピアノ曲を中心にレコードをかけるクラシック喫茶にしていた。2曲、3曲とリクエストして長時間ねばる常連客も居て、若い人から中年まで幅広い層に支持される、音楽喫茶の全盛時代を象徴する店でもある。

店主の川上直人さんは札幌市生まれ。父親は百貨店の電気技術者、母親は北海道でも草分けといわれる正規の女性教員という環境に育つ。おまけに叔父さんは、知る人ぞ知る松竹遊楽館専属の活動弁士・君塚一路(本名・川上助市)さん。また、髪結いだった祖母の始めた焼鳥屋がかつてススキノで人気を集めた老舗「鳥君」(閉店)で、叔母の君子さんが引き継いでいた。そんな中で育った川上さんは、高校卒業後に東京の大学へ進学するが、両親の建てた貸しビルを手伝うため中退して帰郷。そして、1969年(昭和44年)にビルの1～3階を改装して、喫茶「ロマンツアー」を開く。店名の由来は「働くと趣味の旅行が出来なくなるので、その気持ちを託したんです」と川上さん。コーヒーは120円だった。

このロマンツアーが、大改築により大きく変貌するのは81年のこと。その準備のため、川上さんは東京、京都、大阪などの喫茶店を200軒近くまわって研究したという。新店舗の1階は、モノトーンでまとめられたスタンダードな喫茶スペース。大きなガラステーブルやベンチシートを配した2階は、若者向けのモダンなインテリアにした。そして、カフェバー風の造りの3階は、トロピカルドリンクなどのアルコール類を置く大人の空間に変貌。バドワイザーやツボルク、ハイネケンなど、当時はラベルがハイカラに思えた缶や瓶の外

写真上が3階、下が2階フロア

DATA

閉店年　1983年(昭和58年)
閉店時の住所　札幌市中央区南3条西2丁目

80年代初めとは思えないほどモダンな空間。今見てもガラステーブルが斬新だ

国製ビールをいち早く揃える、最先端の店だった。

驚いたのは、メニュー表がタブロイド判のフリーペーパーになっていたこと。創刊1号限りで持ち帰り自由とはいえ、なんと2万部も印刷したという。さらに、1階入り口横に女性の裸体像を飾るなど、新生・ロマンツアーは鮮烈な印象を客に与えた。その甲斐あって、若者向けのモダンな2階フロアが爆発的な人気を呼び、特にデパートや証券会社などに勤める若い女性が数多く通ったという。売り上げも順調に伸び、「午後11時頃に入店し、深夜まで食べたり飲んだりする人も多かったですね。カフェバーの走りかもしれません」。オリジナルなチキンライスや炒飯も、密かな人気を呼んだ。

しかし、早朝から深夜まで働き通しだった川上さんは、やがて体を壊し、大改装から2年後には無念にも店を閉めざるを得なくなってしまう。「喫茶店とは自分にとってなんだったと思いますか?」との問いに、「若い時の可能性の追求ですね」と川上さん。「コーヒーの味を研究したり、新しいメニューを考えるなど、モノ作りが楽しかった」。旅が趣味だった川上さんならではの命名で生まれた〝ロマンツアー〟は、今も人々の記憶の中に息づいている。

マッチ箱のスミ

当時、私が南3条通りを〝あのその通り〟と命名したところ、川上さんも自社ビルに「あのそのビル」と名づけてくれた。

VIDERO

（ヴィデロ）

1975〜2004

スタイリッシュかつ斬新な〝隙間建築〟

南2西6の倉庫と倉庫の間に誕生

DATA

閉店年　2004年（平成16年）
閉店時の住所　札幌市中央区南3条西1丁目、エルムビル2階

タウン情報誌の編集長をしていた70年代半ば、旧4丁目プラザ裏の南1条と2条の間の仲通りはとても面白い界隈だった。西4丁目から7丁目まで、ユニークな喫茶店や洋食店などが軒を並べ、横丁には小さな飲み屋が密集した東映仲町もあった。何かが起こりそうな余りに面白い通りなので、勝手に名前をつけようと編集部でアイデアを出しあった。その際、スタッフから出たのが、当時、桂三枝が流行させていた〝オヨヨ〟。語感が良く、私自身がオヨヨシリーズを書いた作家・小林信彦さんの熱烈なファンだったこともあり「オヨヨ通り」と命名した。知る人ぞ知る、オヨヨ通り誕生秘話である。

その西6丁目、電車通り南側のオヨヨ通りに生まれたのが喫茶「ＶＩＤＥＲＯ」だ。店主の高橋喜利さんが１９７５年（昭和50年）に、レンガ造りの倉庫と札幌軟石を使う石造りの倉庫が並んだ隙間に造った店で、1階が雑貨ショップ、2階に喫茶スペースを設けた。異国情緒が好きな高橋さんは、店名を〝ビードロ〟にしたかった。しかし同名の店があったため、スペルの1文字〝O〟を〝E〟に変えて命名したという。ネーミングの巧さには定評のある高橋さんだけに、オーナーだった洋食店「季喜や」（２００５年（平成17年）閉店）にも通じるセンスの良さが感じられる。

倉庫の石壁をそのまま生かした内装、電車の座席のように横一列に並ぶ椅子、どこからともなく聴こえてくるＢＧＭ……、そのすべてが斬新だった。スピーカーは客から見えないように壁や椅子の下に埋め込み、メニューはコーヒーと紅茶に限定。フードは時代に先駆けチーズケーキに絞って置いた。さらに、コーヒー２００円の時代に敢えて４３０円にしたのも、店主がこの空間を大切にしていた証だろう。

「利益より、なにかをやった足跡を優先していたので、気ま

レンガと軟石の壁にはさまれた細長い空間に、椅子が横一列に並べられていた初代の店舗

まにやっていましたね」と、当時を振り返る高橋さん。潔いというより、商いをする気がなかったといっていいかもしれない。それでも時代は追い風だった。近くにあった札幌パルコの社員や東京から来た映画監督、俳優、雑誌ライター、カメラマンなど、種々雑多の人たちがこの店を愛して訪れた。中には、学校帰りに制服を着替えて通う女子高生もいて、卒業まで2年間通い詰め、静かに読書を楽しんでいたという。

しかし、その間にも建物の老朽化が進み、オープンから10年目を迎えた85年7月31日夜、ついに閉店してしまう。「もともと違法建築だったので、弁護士と相談してひと晩で取り壊しました」と高橋さん。翌朝には、建物の影も形も残っていなかった。1年後、南3西1で営業を再開。その後、同じ町内のビル2階に移転するも04年に閉店し、その歴史に幕を閉じた。「いつか事業を引退して、自宅のある郊外に星の見える喫茶店を造りたいですね」と語る高橋さん。それだけに、最初の店でもあるVIDEROへの思い入れは深い。自分の嫌なことはしない、という店主の生き方が色濃く反映された、スタイリッシュな空間・VIDERO。高橋さんにとって喫茶店とは、自分の部屋のようなものなのかもしれない。

マッチ箱のスミ

2軒目の「カフェ・ヴィデロ」も、巨大なスピーカーの蓄音機が懐かしい、居心地の良い店だったなあ。

倫敦館
（ろんどんかん）

1976～

80年代を代表する モダンな喫茶店

最初は瀟洒な洋館風の建物だった

DATA
住所　札幌市中央区北4条西11丁目75
電話番号　011・271・7730
営業時間　9時～21時（20時ラストオーダー、無休）
コーヒー　500円～（紅茶はダージリン650円など）
駐車場　10台

かつて、私が編集した『札幌青春街図（84年版）』という本で、〝独断と偏見で選ぶ喫茶店ベスト10〟という特集を組んだことがある。タイトル通り、編集部で勝手に選ばせてもらったのだが、その時ベスト10入りを果たした店のひとつが、この「倫敦館」だった。植物園のすぐ近く、グリーンベルトを挟んだ北4条通り（ミニ大通公園）に面した北側にあり、初代の瀟洒な白壁の洋館風店舗は、〝アンアン族〟も含めた当時の若い女性に、圧倒的な人気を誇っていたのである。

約60坪の広々とした店内には、窓側に陽あたりの良いテラス席が設けられ、都心部に居ながらにして自然の緑を満喫できるのが心地良かった。一軒家で、しかも都市のエアポケットのような場所に誕生した喫茶店としては、時代の先駆けだったと思うし、80年代の札幌を代表する喫茶店のひとつだったことは間違いない。「なにもないところに造りたくて、場所を探しました。希望通りの場所が見つかったと思っています」とオーナーの菊地直行さんは語る。

大手コーヒー会社で営業を担当していた菊地さんは、1973年（昭和48年）に独立し、地下鉄南北線北12条駅そばに喫茶「珈琲野郎」（北区北11西4）を開店する。コーヒーの味には定評があったものの、「スタイルの違う店をやってみたい」という気持ちを抑えきれず、約3年で人に譲渡。1年の準備期間を経て倫敦館をオープンしたのは、76年のことだった。コーヒーは130円でスタート。店名は、漢字が好きだったことと、ロンドン市内を走るタクシーが好きで、輸入してまで乗り回していたことから命名したという。

この店の空間としての魅力もさることながら、もうひとつの人気の秘密は、開店当初からフォションやフォートナム&メイソンなど20数種類もの紅茶を揃えていたこと。「おそら

1・2階に分かれる広々とした店内は、座る場所で雰囲気や窓からの眺めが全く異なる（2004年撮影）

く、フォション（パリの名門ブランド）のアップルティーを喫茶店で出したのは、市内ではうちが初めてでしょうね」と菊地さん。コーヒーへのこだわりもさることながら、コーヒー全盛の時代にいち早く紅茶を取り扱っていたというだけでも、札幌の喫茶店史に残る画期的な試みといえるだろう。

ちなみに、現在の建物は89年（平成元年）に改築したもので、かつての白亜の洋館から、シックな色合いの現代的な建物に生まれ変わっている。とはいえ、建物の周囲を大樹が優しく包むその佇まいは、その名に相応しい雰囲気を醸し出す。また、入り口のすぐそばに鎮座するクラシックなレジスター、低く流れるＢＧＭのジャズ、座る場所で変わる風景、ノリタケのスタンダードな白いコーヒーカップなど、改装前からこの店を特徴づけるエッセンスは、少しも変わっていない。

厚さと質感が気に入り、開店以来使い続けているというコーヒーカップを、菊地さんがスプーンでたたくと、「カーン」というとてもいい音が響いた。真っ白いカップに映える茶褐色の液体を眺めながら、そのこだわりにしみじみと共感を覚える。「好きだからやっているんです」とさりげなく語る菊地さん。その言葉には、万感の思いが込められている。

マッチ箱のスミ

人気のパングラタンのほか、自家製ケーキやキッシュなどフードメニューも豊富に揃ってます。

CATCH・BOX

（キャッチ・ボックス）

1980〜1987

度肝を抜かれたハイテックな空間

1980年（昭和55年）のある日、オヨヨ通り5丁目（中央区南2西5）に忽然と姿を現した喫茶「CATCH・BOX」を発見して、カルチャーショックを受けたのは私だけではないだろう。お洒落なスチールメッシュの看板、網目状が美しいステンレス鋼板（エキスパンドメタル）が貼られた黒い外壁など、メタリックな感覚にまずは圧倒された。

しかも、店内に足を一歩踏み入れると、吹き抜けの高い天井、透明なガラス製テーブルにグレーの壁面など、すべてがモノトーンで統一されている。まるでSF映画『ブレードランナー』の世界に、迷い込んだような気分になったものだ。今で言うハイテック（スチールやガラスなどを用いた無機的なデザイン）だと知ったのは、後年のこと。

元オーナーの清原久典さんは当時、鉄鋼関係の会社に勤めていた。建築関係の資材に詳しく、低コストの建材で造れる喫茶店を仲間と設計したという。「あの建物は、もともと居酒屋だったんです。3階に屋根裏部屋があり、吹き抜けにすると面白いと思いましてね」。わずか2週間の工事で改築し、東映仲町の一番奥にあった喫茶「AGIT」（p32参照）に次ぐ2軒目の店を、悲願の表通りに開店したのである。

店名の由来は、「網の目状の建材からなぜか鳥かごをイメージしましてね、表通りを歩く人たちを〝キャッチする箱〟という意味です」と清原さん。コーヒーは350円。ロックやジャズのBGMに加え、店内に巨大なビデオスクリーンを設置し、レーザーディスクで音楽や映像を流した。まだ、札幌にカフェバーが進出する前だったことから話題を呼び、音楽関係者やアパレル業界の女性が数多く訪れたという。

流行のファッションとは無縁の私だったが、ここで使われていた縁が黒いゴム、底がステンレス製のお洒落な灰皿だけ

人気を博したお洒落な灰皿

DATA

閉店年　1987年（昭和62年）
閉店時の住所　札幌市中央区南2条西5丁目

モノトーンでまとめられた、それまでにないメタリックなインテリアが衝撃的だった

は、真剣に欲しいと思った。むろん実行はしなかったが、盗んでまで欲しいと思った喫茶店の灰皿は、後にも先にもこの店くらい。欲望を抑えられない人は居たようで、大・中・小あった灰皿は、たちまちのうちに盗まれたという。

また、店長の八重樫繁男さん（現・ジャズバー「ソリチュード」店主）は、スタッフと一緒にメニューにも工夫を凝らす。当時としては珍しいオープンサンドやホットサンドなど8種類のサンドイッチ、ホイップクリームの上にチョコとシナモンをのせたトーストなどパン類を充実させ、紅茶にも力を入れる。それが、後に裏参道でオープンし、清原さんにとっては4軒目の店となる紅茶専門店「裏参道アフタヌーンティー」（閉店）の基盤となっていくのだ。

80年代初めといえばバブル期に入りかけた頃で、日本は全国的に上り調子だった。札幌では、円山の裏参道や新札幌にファッションビルが林立し、三越前など一等地の地価は高騰を続けていた。まさかその建物の多くが、残骸同様になるとは予想もしなかったが、CATCH・BOXはバブル崩壊よりひと足早い87年に立ち退きのため閉店。今では、幻のように思える喫茶店である。

マッチ箱のスミ

取材後、なんとあの憧れの灰皿をプレゼントされた。それを眺めていると、改めて懐かしさがこみ上げてくる。

テルサラサート

1980〜1990

モノトーン生かした静謐な光と陰の世界

漆喰の白壁には、下岡孝之さんのシンプルな版画が飾られ、ブラインドの隙間から差し込む光が眩しいほど美しかった喫茶「テルサラサート」。喫茶店銀座ともいうべき南3条通りでもオヨヨ通りでもない、南1条の電車通りから南に入った仲通り東向きにあり、心地良い空間と珍しいインディアンカレーにひかれ、80年代の中頃まで良く通っていた。

1980年(昭和55年)、青山俊晴・祐子夫妻がオープン。コーヒーは300円。混み合った時は1日100人も客が入ったほどの人気店だった。夫妻は北大前(北区北10西4)で、小さな喫茶店「青猫」を営んでいたが、「本格的に商いするなら大きくした方がいい」という親類のアドバイスで、中央区への進出を決めた。設計は、「ELEVEN」「北地蔵」の店舗デザインで知られる今映人さんに依頼。木造2階建ての古い建物を利用し、柱や仕切り部分はステンレス製のH型鋼で補強、それを黒く塗装してインテリアの一部にした。

「当時の札幌では、初めての試みだったのでは……」と今さん。それが白壁と見事にマッチし、この店ならではの独特な空間を生み出していた。とはいえ、そのために「家一軒、建てるほどの費用が必要でした」と苦笑する祐子さん。今さんが、店内の雰囲気にぴったりの照明器具を骨董品店で見つけてきた時も、予算が無いので……と断りかけたほど。でも、蓋を開けてみれば大変な人気を博し、借金はすぐに返済することが出来たという。

ユニークな店名は、祐子さんがお姉さんと百科事典を調べていて、最初に目に飛び込んできた項目にちなむ。調べてみると、イラク北部にある古代遺跡の名前だったが、語呂がいいので5分で決めた。テルは〝丘〟を意味し、遠くからもわざわざ来て欲しいという願いがこめられている。

黒塗りのH型鋼がモダンだった

DATA
閉店年　1990年(平成2年)
閉店時の住所　札幌市中央区南1条西7丁目

インテリアをすべて白と黒で統一した店内にはジャズが流れ、静謐な時を過ごすことができた

ところで、当時の札幌にはカレーライス専門店は少なく、それだけに喫茶店の個性的なカレーは珍重された。中でもこの店のインディアンカレーは、私のお気に入りだった。このカレーは、俊晴さん(元・バー「フラスコ」店主)が、インド旅行帰りの北大生を相談相手に半年がかりで完成させたもの。肉はマトンを使い、12種類のスパイスで仕上げた辛口の本格派で、これを目当てに通い詰めた客も少なくない。そういえば、レーズン入りのドライカレーもあったっけ。

今振り返ってみると、店名に良く似合う、白と黒のモノトーンが生かされた静謐な空間は、離婚して傷を負ったばかりの私の心をなぜか癒やしてくれた。いつも独りで通っていたが、ブラインドの隙間から差し込む光と陰のバランスが絶妙だったことが忘れられない。しかし、この店にも都市化の波が容赦なく押し寄せ、ついに立ち退きを迫られてしまう。「ずーっと店を続けようと思っていたので、それはショックでしたね」と祐子さん。いつの間にか大家が代わってしまい、さらに地上げで脅されたことなどもあって、やむを得ず閉店したのは、10年目を迎えた90年(平成2年)のこと。たった10年しか営業していなかったのか、と今の私には感慨深い。

マッチ箱のスミ

かつて店があった場所には、札幌クラッセホテルが建つ。その前を通る度に懐かしくも切ない想いが蘇ってしまう。

円山茶寮

（まるやまさりょう）

1985〜

元祖・和テイストの静寂漂う不変の空間

心なごむウッドデッキの席もいい

DATA

住所　札幌市中央区北4条西27丁目1-32
電話番号　011・631・3461
営業時間　11時〜20時（木曜休）
コーヒー　ブレンド（2種）650円、ストレート（5種）750円〜
駐車場　3台

地下鉄西28丁目駅から徒歩3分。目に染み入るツタの緑と、空に向かって聳えるイチョウの大木に目を奪われる「円山茶寮」は、1952年（昭和27年）築の民家を再利用した木造2階建て。元は縁側部分だったウッドデッキを通り抜け、店内に足を踏み入れると、昔と変わらぬ静寂の漂う空間が広がる。布張りの椅子や木製テーブル、天井を横切るスチール製の煙突など、飾らないインテリアがくつろぎを感じさせる。

店主の村田健治さんは、作家・小檜山博さんと同じ滝上町出身。学生時代にジャズ喫茶「ガスポイント」に通い詰め、ジャズとコーヒーの味に目覚める。「それまで、コーヒーが飲めなかったんですよ」と村田さん。この店でアルバイトを頼まれたのを機にこの業界へ足を踏み入れ、滝沢信夫さんが営む「可否茶館倶楽部」（p118参照）時代に焙煎を含め、徹底的にコーヒーの基礎と理論を学んだという。

その当時の先輩が斎藤智さん。関東方面では幻の珈琲とも呼ばれ、通を唸らせる「斎藤珈琲」（p126参照）を世に送り出した自家焙煎の達人である。村田さんは85年のオープン以来、16種類あるコーヒーのすべてに斎藤珈琲を使用。「豆はうちのだけど、味は円山茶寮のオリジナル」と、斎藤さんも太鼓判を押した逸品で、おだやかな優しい味わいが特徴だ。

また、抹茶ミルクやアールグレイがベースのロイヤルミルクティーなど約30種が揃うソフトドリンクも、「コーヒー屋がどこまでやれるか試してみました」と語るだけにレベルが高い。加えて、11種類のぜんざいやお汁粉など甘味メニューも豊富で、まさに〝和カフェ〟の草分け的存在なのだ。

村田さんは、80年代に名店と謳われた、建築家・倉本龍彦さんの設計による可否茶館倶楽部で4年ほど修業。その後、草創期の「きのとやカフェ」を経て、これまた名店の誉れ高

静寂が漂う和テイストの店内は、細部にまで店主の気配りが行き届く(2004年撮影)

い「蔵人」(p120参照)の支店に勤める。今は無きこの支店が、現在の円山茶寮そばにあったことから、村田さんはとある陶芸家と知り合う。その陶芸家がゆくゆくは居酒屋にと前出の倉本さんに依頼して改築した民家が、今の円山茶寮の建物だった。結局、陶芸家は諸般の事情で本州へ戻り、村田さんが建物と店名の両方を譲り受けたのだという。

譲られた物件とはいえ、店のイメージを作り上げたのは、やはり村田さんのセンスによるところが大きい。「自分が若い頃、喫茶店に抱いていたイメージ通りの建物でした。ビルではなく一軒家で、まさにこんな感じを考えていたのです」。例えば、あえて背の低い椅子(旭川家具)にしたのは、「下手に高さのある椅子を使うと、食堂になってしまうから」。また、良く磨かれた板張りの床も、レトロな雰囲気を醸し出すためには重要な要素である。細部を大切にしながら、「変わらないし、無理に変える気もありません」と、約40年にわたって同じイメージを保ち続けてきた村田さん。

よく、「古いのと汚いのは別」といわれるが、隅から隅まで掃除の行き届いた店内を眺めていると、店主の絶え間ない努力こそが、この空間を作り上げていることに気づかされる。

マッチ箱のスミ

間違いなく、札幌でも数少ない〝都市の顔〟といえる喫茶店のひとつだと思う。

ホール ステアーズ カフェ

1987〜2019

裏通りに出現した都市のオアシス

時はバブル期の1987年(昭和62年)、パルコ札幌店の裏通りに誕生したパレードビル1階に、忽然と姿を現したのが「ホールステアーズカフェ」である。設計は今映人さん。細長い店内は、深い緑色の石を使った壁で仕切られ、独りでコーヒーを飲みたいカウンター席、仲間とお喋りもできるボックス席という2つの顔を持つ。全面ガラス張りの窓から、冬はしんしんと降る雪を眺められ、夏にはさんさんと輝く陽光を浴びられる。そんなロケーションの良さに加え、器に高価なロイヤルコペンハーゲンを使い、コーヒーは当時としては珍しかった深煎り。喫茶店の条件ともいえる付加価値の高い空間、美味しいコーヒー、アクセスの良さという三位一体を備えたこの店は、オープン当初から爆発的な人気を呼ぶ。

オーナーは、今や市内はもちろん道内外に20以上の店舗をチェーン展開する宮越屋珈琲の総帥・宮越陽一さん。彼は、札幌の駅前にあった老舗・宮越屋旅館の3男に生まれる。ちなみに長男は、自家焙煎珈琲の卸売りを手掛けた「インフィニ珈琲」(閉店)代表の惣一さん、次男は福住で「カフェ・ノエル」を営む精一さん。札幌のコーヒー業界で宮越3兄弟といえば、知る人ぞ知る存在なのである。

陽一さんは、16歳からミュージシャンとして活躍。中島みゆきとは大学祭などで共演し、ステージでは良く2人でトリを務めた。18歳から1年間、アメリカへ留学。帰国後、中島みゆきも通った喫茶「ミルク」(p12参照)の開店を手伝う。基礎の土台から手作りしたこの店で、数々の音楽活動を続けた後、東京へ。しかし、そこで夢は挫折する。「音楽を諦めた時、美味しいコーヒーを札幌に持ち帰ろうと思ったんです」と陽一さん。たまたま訪れた東京の名店「アンセーニュ・ダングル」の味に惚れこみ、職人気質の店主・林義国さんに学

洞窟を思わせたかつての2階店舗

DATA

閉店年　2019年(平成31年)

閉店時の住所　札幌市中央区南2条西3丁目、パレードビル1F

都市の裏通りに生まれて以来、その付加価値の高い空間が幅広い層から支持された（2004年撮影）

ぶ。その基本は、3年ほど寝かせたオールドビーンズによる深煎りで、深みのあるコクと香りが特徴だった。

83年には札幌で、その暖簾分けとなる「カフェ・アンセーニュダングル」（中央区北1西3）を出す。27歳だった。都心部におけるハイカラな〝隠れ家〟という印象があり、80年代の札幌を代表する優れた喫茶店のひとつだったと私は思う。が、経営者は別だったため、陽一さんはやがて独立する。

初めて自力で開店したのが85年の裏参道「カフェ・アンフィニ」（南1西22、後に宮越屋珈琲店に改称、閉店）。次がこのホールステアーズカフェ、そして3軒目が「カフェ・ブルーノ」（南1西24、閉店）だった。そして、2019年（平成31年）1月にホールステアーズカフェが閉店したことで、初期の3店すべてが姿を消したことになる。

のちの取材でわかったのだが、「ミンガスコーヒー」の川手元弘さん、「板東珈琲」の板東修市さん、「CAFÉ early《アーリー》」の小林久さん、「カフェ ロン」の武田雅樹さんらが、このホールステアーズカフェで修業時代を送っていた。それぞれ、私好みのコーヒーを出してくれる喫茶店で、こうした人材を輩出したこの店の存在の大きさを今さらながら痛感している。

マッチ箱のスミ

ホールステアーズカフェの名は、今も桂和大通ビル50（旧有楽ビル、中央区大通西1）地下2階の「有楽ビル店」などに残る。

森彦

（もりひこ）

1996〜

誰もを優しく迎える
温もりと懐かしい匂い

古民家を改造した独特の佇まい

DATA
住所　札幌市中央区南2条西26丁目2-18
電話番号　0800・111・4883
営業時間　9時〜20時（19時ラストオーダー、無休）
コーヒー　フレンチブレンド750円、森の雫830円
駐車場　5台

地下鉄東西線の円山公園駅から、歩いて約3分。札幌では珍しい入り組んだ路地を通った住宅街の一角に、喫茶「森彦」がひっそりと佇む。昭和30年代初期築造の古民家を改造した店舗に足を踏み入れると、まず目に飛び込んでくるのがライトグリーンのノルウェー製薪ストーブ。その周りに大きな薪がゴロンと置かれ、それだけで温もりを感じてしまう。

この和みの空間を生んだのは、東京生まれのグラフィックデザイナー市川義一さんと3人の息子たち。近くに仕事場を持つ市川さんは、以前から老夫婦が住むこの木造家屋を気に入っていた。「敷地が三角で独特の佇まい。複雑な顔つきがいたく好みで……」。ある日、貸家の張り紙を見つけた市川さんは、何も考えずに借りてしまう。それからが大変。ペンキ塗りに活躍した長男の草介さん、電気系統で力を発揮した次男の陸さん、鳶職のバイト経験を持つ三男の土夢さんの力を借り、3年もの歳月をかけて喫茶店に改築したのだ。「それぞれ仕事があるので休日しか作業が出来ず、予想以上に時間がかかりました」と市川さん。開店に漕ぎつけたのは1996年（平成8年）6月のこと。素敵な店名は、森が好きだったことと「海彦、山彦」の彦が好きだったからだそうで、ほとんど市川さんの閃きによるものという。

共にグラフィックデザイナーである市川義一・草介さん親子が手掛けただけあって、森彦には類稀ともいうべき傑出した空間が作り上げられている。1階奥には作業台を生かした大きな木製テーブルが1つ、階段を上がると、ミシミシと床がきしむ2階にテーブル席が4つ。吹き抜けの天井で回る扇風機と古めかしい2枚ガラスの出窓との対比が面白い。

吹き抜けの鴨居からフクロウの人形が顔を出す、小さな森に見立てた店内は、テーブルや椅子などの家具類から時計、

凛とした空気が流れる2階スペース。2枚ガラスの出窓が懐かしくもユニークだ（2005年撮影）

鏡に至るまで、ほぼすべてがアンティーク。「時間の洗礼を受けた古いものは、まるでおじいちゃんおばあちゃんに会った時のように心が休まるんです」と草介さん。確かに、足踏みミシンを改良したテーブルや、築100年の民家を解体した時に出てきた木製玩具など、店内に居て心和むのは、懐かしい匂いのするものが多いからだろう。「和食器との出あいは一期一会。ですから、コーヒーカップも当初、お互いのコレクションを持ち寄りました」と草介さんは語る。

義一さんが引退し、草介さんが跡を継いだのは2001年のこと。それまでも休日は手伝っていたが、連日、何杯ものコーヒーを落とす立場となり、ハンドメイドコーヒー（自家焙煎）に目覚めたことでついには自宅に焙煎機を導入し、焙煎へ本格的に取り組むようになった。それも試行錯誤の連続で、納得できる豆が仕上がるまでに1年余りもかかったそうだ。こうして生まれたオリジナルブレンドは、優しい味わいのマイルドと濃厚なフレンチの2種類で味わえる。

開店から約30年。今や風格漂うこの店だが、開店以来続く落書き帳は変わらず置かれ、いつ誰が訪れても優しく迎えてくれる心遣いは少しも変わっていない。

マッチ箱のスミ

オープン時から噂を聞いて憧れていたこの店。実は取材を機に初めて訪れたのだが、期待に違わぬ雰囲気に大満足！

ちょっと一服⑤

紹介できず心残りな喫茶店エトセトラ

この本の基となった新聞連載で、書きたくても書けなかった店が幾つもあった。そうした店をここに書き記しておきたい。まずは、札幌駅前近くにあった喫茶「ヴァンローゼ」(中央区北3西2)。私の若い頃は、〝出逢いのロッシュ(北3条界隈)、別れのヴァンローゼ〟と言い伝えられる有名な店だった。アンティークな時計やランプが飾られた薄暗い店内は、恋人同士が語らうには最適。元オーナーに取材を申し込んだが、最終的には「まだ、語れる心境ではない」と断られてしまった。

自家焙煎コーヒーの販売専門店「リヒト珈琲」(宮の森4-10)も、紹介したかった店のひとつ。すでに閉店したが、店主の襟立稔規さんは当時「人と接するのが苦手なので……」とやんわり。初代の故・襟立博保さんが1948年(昭和23年)に大阪・阿倍野で開店したリヒト珈琲は、多くの文化人や芸能人に愛された伝説の店。そのコーヒーを札幌で復活させた襟立さんに、伺いたいことは多かったのだが……。

そのリヒト珈琲の豆を使っていた、「カフェバンカム918」(大通西17)も心残り。コーヒー好きのひとり息子を不慮の事故で亡くした店主が、その子の誕生日(9月18日)に開店し、それが店名の由来ともなった。連絡先がわからず取材を断念したが、背もたれの高いビロードの椅子と優しい時刻《とき》の流れる空間が記憶に残る。

また〝都市の隠れ家〟ともいうべき雰囲気とコーヒーの味の良さで一世を風靡した「カフェ・アンセーニュダングル」(北1西3、古久根ビル2階、写真)も忘れられない。このほか、カントリーウエスタンで知られた音楽喫茶「楽屋」(南1西15)と「楽屋PARTII」(南2西5)、自家焙煎の先駆者だった従二直彦さんの「るぴあ」(宮の森2-6)、地下街オーロラタウンの開業以来続いた「ナガサワ」(閉店)なども、紹介できなかったことが悔しい。

それにしても、喫茶店をキーワードに、札幌の街の70~80年代を回顧してみると、自分自身の〝青春グラフィティー〟さながらに、何度も懐かしさがこみ上げてきた。あの頃は、誰もがお気に入りの喫茶店をひとつやふたつ持っていたもの。もう取り戻せない時間が、喫茶店の記憶と共に蘇ってくる。

VI. 古き良き時代の喫茶店

札幌の歴史と共に歩んできた「喫茶部」から、
高度成長期のあだ花「高級喫茶」まで、
喫茶店の変遷は時代の移り変わりを映す。

千秋庵喫茶部

（せんしゅうあんきっさぶ）

1930〜2017

昭和初期誕生の歴史と共に歩んだ店

駅前通りと交差する狸小路3丁目角の千秋庵製菓本店は、中世の城を思わせる尖塔が目を引く建物（鉄筋コンクリート地上8階、地下2階建て）だった。10年の歳月を費やし、1966年（昭和41年）に完成している。この2階には、かつて喫茶&レストラン「ウィーン」（2004年（平成16年）閉店）があり、私は昔風オムライスとハヤシライスを密かに愛していた。奥にある貸し切りの部屋は、近所に松竹遊楽館があったことから、松竹映画宣伝部の人たちが記者会見に良く利用したものだ。74年10月に行われた松本清張原作の映画『砂の器』のキャンペーンでは、野村芳太郎監督と主演の島田陽子が来札し、制作の苦労などを語っていたことを思い出す。

そもそも千秋庵製菓は、21年（大正10年）創業の老舗菓子店。喫茶店（千秋庵喫茶部）も30年（昭和5年）にいち早く誕生させている。2代目で当時会長だった岡部卓司さんは、「まだ人々は〝きっちゃてん〟と呼び、こんな苦い飲み物にお金を出す人は〝いいふりこき〟といわれた時代です。菓子店に併設された喫茶は、全国的に〝喫茶部〟の名称で統一されていました」と懐かしげに語ってくれた。店内は約60人収容の客席と10畳の日本間2つに、8畳の独立した会合室があったそうで、相当に広い。「北海道に2台しかなかったアメリカ製の電気蓄音機を店内の中央に据え、音楽好きな北大の教授がベートーヴェンやシューベルトなど貴重なレコードを用意して下さったそうです」と語る岡部さんは、その頃まだ6歳だった。

コーヒー代は15銭、シュークリームなど洋菓子も1個15銭。かけそば1杯10銭の時代にセットで45銭（2個付き）だったが、お客さんにはとても喜ばれた。当初はお酒も出していたので、ウエイトレスの服装はカフェーに近い和服にエプロン姿。1年後には、東京で流行の〝純喫茶〟スタイルを真似て

駅前通りに面していたカフェテラス

DATA

閉店年　2000年（平成12年）

閉店時の住所　札幌市中央区南3条西3丁目

外壁にセメント製の装飾を施した戦前の店舗。見かけは洋館風だが木造2階建てだった（1930年頃）

お酒をやめ、服装も洋風になった。客層は、大学教授やレコードを聴くためにコーヒー一杯で粘る学生、生菓子が目的の女性客など様々。「筋向かいに高級料亭の「幾代」があり、人力車で来られる方もいましたが、市電の狸小路停留所がすぐそばにあったので大抵の方は電車でした。窓側のソファでお見合いをされた方も多かったですね」と往時を振り返る。

戦後、木造3階建ての店舗を新築し、本格的に営業を再開するのは50年から。1階に菓子売り場と喫茶、2階に喫茶&レストランを設け、コーヒーは20円だった。66年に誕生した地下1階のオーストリア風喫茶「ビエンナ」と、地下2階にあった喫茶「ゴールデンルーフ」は、2005年に姿を消し、最後に残ったのが1階のカフェテラスだった。

以前、1階のテラスでソフトクリームを食べながら外を眺めていると、目の前をいきなりチンドン屋さんが通り過ぎた。ピエロのように顔を白塗りした人たちが鐘や太鼓を打ち鳴らしながら歩くさまは、まるでフェリーニ映画のワンシーンを思わせ、いたく感動させられたものだ。また、クリスマスの時期になると、路面に店内を覗き込む幼い女の子と男の子のマネキンが登場し、札幌の隠れた風物詩だったことも忘れ難い。

マッチ箱のスミ

本店ビルの解体に伴い、喫茶部は2017年10月29日に閉店。90年近く続いたその歴史にピリオドが打たれた。

西林

（にしりん）

1946～2021

先代から受け継いだ喫茶店への熱き想い

札幌の街並みが大きく変貌するのは、1972年（昭和47年）の冬季五輪札幌大会開催がきっかけだった。前年には地下鉄南北線（北24条―真駒内間）が開通。さらに、駅前通りの拡幅に伴い、当時は東北以北最大と謳われたファッションビル・4丁目プラザが中央区南1西4に誕生する。そのため、ビルの建設地でそれまで営業していた喫茶&レストラン「西林」が地下2階、古書店「一誠堂」や新刊書店「維新堂」は地下1階に入居するなど、それぞれビル内に移転。同時に、西林はインテリアの豪華な和風喫茶「円山」を4階に、5年後には7階自由市場の奥にコーヒーギャラリー「南蕃倉庫」を出店するなど、その規模を拡大していく。

今や、喫茶店やそばの「八雲」などを営む大きな会社に成長を遂げた㈱にしりんだが、2代目で現社長の廣川雄一さんによると、原点は創業者の廣川十郎さんが始めた小さな喫茶店だという。秋田出身の十郎さんは旧制中学を卒業後、兄を頼って札幌へ出る。苦労して貯めたお金を元手に36年（昭和11年）、喫茶「銀の壷」（南4西5）を経営者から譲り受け、店は大繁盛するが、戦争の影響で44年に閉店。しかし、戦後間もない46年に、後に4丁目プラザが建つ場所で再び喫茶店を開く。それが西林で、店名は西野林産という家具屋の奥まった一角を借りて再出発したことに因んでいる。

喫茶店として営業を始めた当初は、15坪ほどの小さな店だった。しかし、十郎・綾子夫妻の奮闘により、2年後には木造モルタル2階建ての新店舗に生まれ変わる。約50坪の建物は、歩道から1間ほど下がってエントランスが造られ、1階喫茶の2階まで吹き抜けになったホールでは、アメリカ映画のスチール展が開催されたというから、かなり洒落ていた。

〝4丁目十字街に西林あり〟の呼び声も高く、2階レストラン

4丁目プラザにあった閉店時の店内

DATA

閉店年　2021年（令和3年）

閉店時の住所　札幌市中央区南1条西4丁目、4丁目プラザ地下2階

オープン当時の店内は、戦前のハリウッド映画に出てきそうなほどモダンだった

の特製ポークカツは、全国のレストランや食堂で出されるまでに広まったそうで、その人気は並大抵ではなかった。

昭和30年代初めに通っていた常連客によると、メニューにいち早くスパゲティ(ミートソースとナポリタンの2種類)が取り入れられ、2階のレストランでそれを食べるのが「カッコイイ時代でした」。当時、札幌市内にある喫茶&レストランのお洒落度は、西林、石田屋、駅前ニシムラの順だったとか。それはさておき、レストラン部門の好調ぶりを受けて、50年には右隣に洋食の「コックドール」を出店。看板には、〝最高の味覚! 最低のご費用!〟を掲げた。その後も、当時の人気メニュー・特製ポークカツ(ポークカツライス)を、西林では提供し続けていた。味噌味のソースで食べるカツは昔の洋食風で、往時のハイカラぶりが偲ばれたもの。

ところで、雄一さんが最後にやりたい仕事は、かつて南蕃倉庫でもその一部を公開したように、珈琲の博物館&喫茶店を開くこと。ミルやサイホンなど骨董的価値を持つコーヒー器具を展示し、「それを眺めながら美味しいコーヒーの飲める店を開きたいですね」と夢を語っていた雄一さん。父の代から続く喫茶店への想いを、いつかは実現させてほしい。

マッチ箱のスミ

2022年(令和4年)1月、建て替えのため4丁目プラザが閉館。同時に西林も閉店し、75年に及ぶ長き歴史に幕を下ろした。

コージーコーナー

1955〜

文化人が集った画廊喫茶の草分け

駅直結のビル地下で今も多くの人々に愛される、珈琲プラザ「コージーコーナー」。その歴史は古く、2007年(平成19年)に亡くなった創業者の楠野好孝さんが、1955年(昭和30年)5月、山形屋旅館(中央区北2西4、南東角)の隣で創業したのが始まりだ。札幌生まれの楠野さんは、札幌商業高卒業後、三越百貨店に入社するが、4年後に高校の先輩で同校の名物教師だった西村久蔵さんの紹介で、「ニシムラ」の喫茶部へ転職。20年ほど支配人を務めた後に独立する。

コーヒーは40円。カウンター3席とボックスが7つあり、「間口は1間半でしたが、奥行きのある店でしたね」と生前の楠野さん。店名は〝小さな片隅の居心地の良い場所〟という意味。当時からダッチコーヒー(コーヒー豆に水滴を垂らして抽出する水出しコーヒー)が名物だった。細長い造りを生かして壁をギャラリーとして開放、新進画家の個展を月替わりで開くなど、画廊喫茶の草分けでもあった。

北1条通りに移転(北1西3)したのは5年後で、最大70名収容の大きな店に成長した。通い詰めたのは、彫刻家の本郷新さん、画家の栗谷川健一さんや国松登さん、漫画家のおば比呂司さん、作家の倉本聰さんなど錚々たる顔ぶれ。開店以来、今も通い続ける編集者の小松宗輔さんは、「人に会うだけでなく原稿の受け渡しにも利用し、1日に何回も通いました。HBCが近かったので、脚本家や俳優もコーヒーを飲みに来て、華やかな印象がありましたね」と振り返る。

やがて楠野さんは、62年に「第2コーナー」(北1西3、64年閉店)、翌年には小さな画廊喫茶「第3コーナー」(北1西7、66年閉店)を開店。さらに70年、北2西4の仲通りに姉妹店「レッドワゴン」もオープン。その7年後に出した札幌国際ビルの支店が、楠野さんが手掛けた現在も残る唯一の店と

かつて使われていた懐かしいマッチ

DATA

住所　札幌市中央区北4条西4丁目、札幌国際ビル地下2階
電話番号　011･231･8614
営業時間　8時〜20時30分(日曜・祝日は〜19時30分、祝前日の場合は〜20時30分、不定休)
コーヒー　ブレンドコーヒー600円〜、ダッチコーヒー650円
駐車場　なし

北1条通り沿いにあった「コージーコーナー本店」往時の店内（楠野好孝さん提供）

なっている。肝心の本店は、家主とのトラブルで裁判沙汰にまでなり、81年に立ち退きを余儀なくされた。閉店に際して楠野さんは、「コーヒー代の一部を還元したい」と閉店までの3日間はコーヒーを無料でサービス。さらに、財団法人ふきのとう文庫へ500万円を寄付し、話題を呼んだ。そして87年にはニシムラ喫茶部へ店を譲渡し、引退している。

もともと絵画や彫刻をこよなく愛する楠野さんは、道内作家の作品を数多く所有。そのコレクションから選んだ作品を、店舗に展示して客の目を楽しませてきた。店内のショーケースには、本郷新や本田明二の彫刻も飾られ、「喫茶店を媒介に様々な作家と知りあうことが出来ました。そういう意味でいい時代でしたね」と、懐かしんでいた楠野さん。

晩年も週2、3回はコーヒーを飲みに店へ出掛けたといい、大正生まれとは思えない若々しさだった。趣味は登山で、夏は大雪連峰を中心に踏破、冬は近隣の山にカンジキを履いて登るという楠野さんは、「自然の美しさを眺めながら、山頂で飲むコーヒーは美味しいですよ」と、顔をほころばせていたものだ。温かい人柄が滲み出るその笑顔から、古き良き時代の輝きがふつふつと伝わってきたことが、今も記憶に残る。

マッチ箱のスミ

クリスチャンである楠野さんの「くつろぎの場を提供したい」という奉仕の精神が、現在の店にも脈々と受け継がれている。

桃山

（ももやま）

1960〜1988

美人がずらり揃った札幌初の高級喫茶

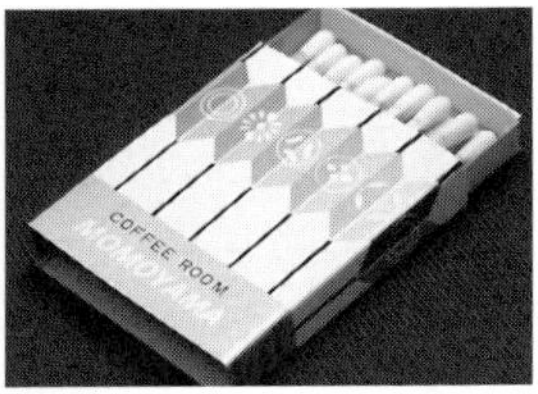

着物の柄をあしらったマッチ

DATA
閉店年　1988年（昭和63年）
閉店時の住所　札幌市中央区南2条西3丁目

若かりし頃、好奇心旺盛な私にとって、いわゆる高級喫茶は憧れの的だった。ファッション・モデルのようなスタイル抜群の美人がいて、深々と頭を下げてくれるというから、冷やかし半分に覗いたことがある。それが、現在のパルコ札幌店の裏通りにあった高級喫茶「桃山」である。

店舗は、木造モルタル3階建てのビル2階にあった。金箔の装飾を張り巡らした壁際に沿って、ゆったりとした4人掛けのボックスが配され、御所車の飾り物や銀製のティーセットなど、すべてが煌びやかでまさに豪華絢爛。元オーナーの市原貞夫さんが、「安土桃山時代をイメージして、華やかな店を設計してもらいました」と語る通り、高級喫茶の名に恥じないインテリアだった。

しかも、ウエイトレスは化粧も映える美人ばかりで、それぞれ最先端の洋服を身にまとい、優雅な微笑を浮かべてコーヒーを運んでくれた。今でいう高級クラブのような雰囲気で、私にとってはまるで別世界。ポットで出されるコーヒーのお替わりも飲まず、早々に店を後にした記憶がある。

札幌初の高級喫茶である桃山は、西田佐知子が歌う『アカシアの雨がやむとき』が大ヒットした１９６０年（昭和35年）に開店。ラーメン45円、コーヒー50円の時代に、市原さんは１００円もするコーヒーで勝負に出る。当時、札幌喫茶店組合の役員を務めていた市原さんは、札幌のコーヒーの値段を50円に統一しようとして、お役所に独禁法違反であると警告を受けた。そこで反抗心も加わり、「いっそコーヒーの値段も2倍、ウエイトレスの給料も2倍にと、何でも倍にしたんです」と当時を振り返る。

黒のトックリにカシミヤの白いセーターを重ね着し、黒いコーデュロイのジャケットに身を包む市原さんは、今でもダ

安土桃山時代を彷彿とさせる、金箔を張り巡らせたまさしく絢爛豪華なインテリア

ンディーな紳士。そもそもはビルのオーナーで53年、1階に高級洋品店「みどりや」、その地下に喫茶「あざみ」を同時に開いたのが商いのスタートだった。7年後に桃山を開くが、その際、3階に美容室も併設し、早番と遅番合わせて7、8人もいたウエイトレスの服装から髪形に至るまで、各自の個性に合わせて面倒をみていたという。

それだけ手をかけ、しかも美人が揃っていることから評判を呼び、店は連日大盛況。近くにあったHBCや電通などの一流企業がまだ応接室を備えていない時代でもあり、来客の折に良く利用されたという。当時を知る詩人の新妻博さんは、「ネクタイを「みどりや」で買うついでに寄りましたね。値段は高かったけれど、いわゆる八頭身の美人が揃い、ゴージャスな雰囲気でした」と語る。

ちなみに、女性たちはその後、高級クラブにスカウトされたりお金持ちの奥さんになったりと、様々な道に進む。「お見合いの場所にも良く使われました」と、市原さんは昔を振り返って笑う。やがて、ビルを売却した88年に桃山は幕を閉じるが、その名は市原さんの友人がハワイに出店した日本料理店に今も残されている。

マッチ箱のスミ

コーヒーはゴージャスな銀製の器で出される上に、お替わりが自由であることにも驚かされたものだ。

ブルーシャトー

1961～1990頃

什器備品は超高級
当然、値段も超高額

若い頃から好奇心が強く、有名な喫茶店にはとにかく入ってみないと気が済まなかった。中でも憧れは、高級喫茶として有名だった「ブルーシャトー」(当初はブルーシャトオ)。インテリアの豪華さと、美しい女性がひざまずいてコーヒーを出すことで知られ、ブルーマウンテンのコーヒーが確か600円だった。かけそば1杯80円の時代だから相当に高額だが、そのコーヒー代を握りしめて出かけていったのである。

この店が入っていた当時のHBC三条ビルは、舶来モノの洋品店やレストランなど高級店が軒を連ね、若い人にはただでさえ入りにくい雰囲気だった。店内にカウンター席はなく、イタリア製のマホガニーのテーブルと金華山模様の椅子を組み合わせたボックス席がゆったりと並び、まるで高級クラブのような造り。そのゴージャスなムードにすっかりのまれ、ブルマンの味もわからず、ほうほうの体で退散したものだ。

いつの日か、この店の経営者にお話を伺いたいと思っていたところ、偶然にも3代目店主の松長孝明・紀子夫妻に巡り合うことが出来た。取材時、「珈琲舎パル」(中央区大通西14、現在は経営者が異る)を営んでいた松長さんによると、初代オーナーは北見の材木商・西川弥三郎さん。半ば道楽で1961年(昭和36年)に開店し、切り盛りは人任せだったという。2代目は約1年でやめ、松長さんが引き継いだのは80年からの7年間。ちなみに、新十津川町生まれの松長さんは高校卒業後、東京で喫茶店に勤め、紀子さんとの結婚を機に帰札する。最初は北4東2で喫茶「テリー」を開き、4年後にブルーシャトーを引き受けたのである。

そもそも高級(美人)喫茶は、53年に伊東絹子がミスユニバースの世界第3位になって巻き起きた〝八頭身ブーム〟をきっかけに誕生、東京を中心に急増した。ブルーシャトーは、

当時使われていた高価な食器

DATA

閉店年　1990年頃(正確な時期は不明)

閉店時の住所　札幌市中央区南3条西2丁目、HBC三条ビル地下1階

3代目の松長夫妻と、ヨーロピアン調の豪華なインテリアが評判を呼んだ店内

それから4年遅れで開店。時代がバブル景気に向かっていたせいか、壁には300万円もする鏡が飾られるなど、インテリアは超豪華。コーヒー&ティーカップはオールドノリタケ、灰皿やコップなどは、すべてHOYAに特注のクリスタルガラス製品だった。「アイスクリームの器がひとつ1万円もしたので、コートに引っ掛けて割られた時には、泣きそうになりました」と、紀子さんは昔を振り返る。

客層は、成功した飲食店やビルのオーナー、文化人などハイクラスが多く、松長さんは常にネクタイ姿で店に出た。スポーツ選手や芸能人も数多く来店。「野村克也・沙知代夫妻、浜田光夫さん、若い頃の船越英一郎さんもいらしてました」と紀子さん。常連だった元銀行マンの福島吉郎さんは「地下に降りてすぐの場所で便利でした。ミニ噴水もある立派な造りで、応接間として良く商談に使ったものです」と語る。

しかし、松長夫妻がもっと気軽な店を望んだことに加え、美人がひざまずいてコーヒーを出すのを喜ぶ時代では無くなったこともあり、7年後には店を人に譲ってしまう。喫茶店ブームの終焉《しゅうえん》と同じく、一世を風靡した美人喫茶もやがて消えていく運命だったのである。

マッチ箱のスミ

取材の合間に立寄ったカメラマン氏行きつけの店が、松長夫妻の営む珈琲舎パルだったという、ウソのようなホントの話。

ちょっと一服⑥

喫茶店史遺した真の風俗史家

以前、「あなたは和田義雄さんの親戚ですか?」という電話を頂いたことがある。私と『札幌喫茶界昭和史』(財界さっぽろ刊、写真)の著者である故・和田義雄さんは、血縁関係にない。偶然、苗字が同じだっただけだ。

とはいえOL時代、和田さんが営むビジネス喫茶「サボイア」(中央区北1西5)には行ったことがある。北1条通りに面して北向きに建ち、約180人を収容できる2階建ての大きな店だった。だが、私が入社した1970年(昭和45年)9月に立ち退きで閉店したため、わずか5カ月しか通っておらず、その店主だった和田さんとは、残念ながら一度もお会い出来なかった。

和田さんは、1914年(大正3年)に旭川市で生まれ、存命であれば100歳を超えている。戦前は小樽で茶房「金と銀」を開き、戦後の53年(昭和28年)から札幌でサボイアを営む。同時に児童文学の世界でも活躍し、童話雑誌『森の仲間』を主宰した功績で、70年には北海道芸術新賞を受賞している。

そんな和田さんが73年に著した『札幌喫茶界昭和史』は、私にとって喫茶店史のバイブルともいえるもの。大正時代から昭和初期を経て戦後の爛熟期まで、喫茶店の変遷が事細かに書かれた労作だ。しかも、札幌の風俗史の一面が鮮やかに切り取られ、読物としても面白い。渡辺淳一さんの小説『阿寒に果つ』の舞台となった「紫烟荘《しえん》」(南4西4)、マッチのデザインが素晴らしい「みれっと」(閉店時は北2東2)など、和田さんの本を片手に喫茶店巡りをしたものだ。

私を本書の執筆に駆り立てたのは、和田さんが書かれた後に続く、70〜80年代にかけての約20年の空白を埋めたいという思いだった。喫茶業界に身を置いていた訳では無いので、喫茶店史は難しいが、グラフィティー(落書き)なら出来るという自負はあった。

本書の刊行時、札幌の古書店「弘南堂書店」店主・高木庄治さんのご厚意で、和田さんのマッチコレクションを見せて頂く機会を得た。

弘南堂に保管されている和田コレクションは、喫茶店に限らず、ありとあらゆる飲食店のマッチラベルが揃っていて感嘆させられた。こういう方こそ、真の風俗史家であると思う。

VII・ビジネス街の喫茶店

あの頃、サラリーマンやＯＬにとって、ビジネス街に無数にあった喫茶店は、都市のオアシスともいえる貴重な空間だった。

ポールスター

1954〜2004

若き日の記憶蘇るビジネス喫茶

楽しいデザインのマッチ

DATA
閉店年　2004年（平成16年）
閉店時の住所　札幌市中央区大通西5丁目、大五ビル地下1階

活字の世界へ足を踏み入れる前、2年ほどOL生活を経験している。明けても暮れても砂を嚙むようなデスクワークで、窓から大通公園を見下ろしながら、自由に外を歩き回れる仕事をしたいと熱望していた。唯一の楽しみは、ランチの後に好きな本を読むことで、いつも会社近くのビジネス喫茶で読み耽っていた。その店こそが、ポールスターである。

とはいえ余りにも古い話なので、とうに閉店したと思い込んでいた。ところが2003年（平成15年）の夏、たまたま通りかかった大五ビルの前で「ポールスター」の看板を見つけた時は、小躍りするほどうれしかった。入り口前の木製の柵を始め、赤レンガの壁、茶色のビニール張り椅子、薄暗い照明など、ほとんどの造作が昔のまま。今は亡き店主・一ノ関弘義さんが、いつもネルドリップで一杯ずつていねいにコーヒーを落としていたカウンターの位置も全く同じだった。

亡くなったご主人の後を継ぎ、1976年（昭和51年）から店を切り盛りする一ノ関テツさんは明治生まれ。取材時は体調を崩し、松本順子さんに店を任せていたが、それまでは現役でバリバリ働いていたという。お話を伺った際も、驚くべき記憶力で昔を振り返ってくれた。道職員だったご主人の弘義さんは、戦時中に職を辞し、戦後は生協の原点である共同購入の組合結成に活躍した人物。都心部に現存する最古のオフィスビルといわれる大五ビルが完工した54年に、ポールスターを開店している。「今は電通ビルのある西5丁目辺りはまだ原っぱで、フキやヨモギなどが採れたんですよ」とテツさんは往時を懐かしむ。また、7種類の豆をブレンドしたコーヒー30円（04年時は350円）のオリジナルな味わいは、今も語り継がれるほどの評判を呼んだ。

ご主人は絵画を愛し、自らも絵筆を握る芸術家肌の人物だ

クラシックな雰囲気が漂う店内は、年季は入っているものの小奇麗にされていた（2003年撮影）

ったという。その血は、娘で漫画家の大和和紀さんに引き継がれる。店にはほとんど顔を出さなかった和紀さんだが、77年に『はいからさんが通る』で第1回講談社漫画賞を受賞し、上京することになった。「主人が、旅費分ぐらい自分で稼ぐよう娘にいいまして、1週間だけ店で働いたことがありますね」とテツさん。とはいえ、テツさん自身もご主人が亡くなるまでは専業主婦だった。その傍ら洋裁で身を立ててはいたが、人と余り喋らない環境からいきなりカウンターの内側に立つのは、至難の業だったはずだ。「いらっしゃいませ」「ありがとうございました」を自然にいえるようになるまで、かなりの時間を要したという。

それにしても、この店に通い詰めていたあの頃を思い出すと、今でも胸が疼く。自信もないし、実績も無いけれど、いつの日か活字に携わる仕事をしたいと思い詰めていた日々……。いつも独りぼっちで飲んでいたコーヒーはほろ苦く、若さゆえの気負いだけが友人だった。そんな私が、長い歳月を経て再びこの店を訪れ、目の前でテツさんにインタビューしているのだから、人生はわからない。あの時代、ポールスターはまさしく都市のオアシスだった。

マッチ箱のスミ

取材後まもなくの2004年夏、残念ながら閉店に。一ノ関テツさんのお話が聞けたのは、今でも幸運だと思っている。

うら

1958～1969

マスコミ関係者御用達の人気店

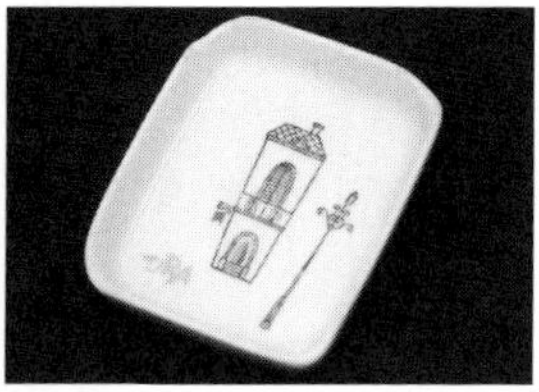
持ち帰り自由だった灰皿

DATA
閉店年　1969年（昭和44年）
閉店時の住所　札幌市中央区南1条西2丁目

その昔、〝ドッコ・ファーザー〟と呼ばれた小助川克顕さんは、喫茶「うら」を始め、70年代に若者文化の発信地となった喫茶「どッコ」（p48参照）などを育てた名オーナーである。ブルージーンズにラガーシャツ、首に巻いた花柄のネッカチーフが良く似合う小助川さんにお会いしていると、その若々しさに50数年の歳月をつい忘れてしまいそう。現在は、所有するマンションで悠々自適の生活を送るが、エレベーターの中にかわら版ならぬ〝お節介版〟を設置して周辺情報を発信するなど、遊び心は未だ衰えていない。

東京生まれの小助川さんは、祖父が裁判官、父親が獣医という家柄に育ち、東京の私大で医者を志すが途中で挫折。様々なアルバイトを経験しながら私大法学部を卒業し、1958年（昭和33年）に両親の住む札幌へ戻る。たまたま伯父が所有する建物が、丸井今井札幌本店裏の仲通り（中央区南1西2）にあったことから同年4月、1階でラーメン店「かつみ」、2階でうらを開業する。コーヒーは40円。店名は丸井今井の裏にあり、自身も家系では異端ともいえる裏街道を歩いていたことに由来するのだという。

1杯40円のかつみのラーメンは人気を博し、「横浜のホテル系列店で修業したので、味には自信がありましたね。豚骨と鶏ガラでスープをとり、隠し味にカレー粉を使ったところ、評判を呼びました」と小助川さん。ところが、喫茶の方が手狭になり、半年後には1階も喫茶店に改築し、1・2階を併せると約40席という大きな店に拡張する。すぐ近くには、開局したばかりのSTV（当時の社屋は現在の大通西1）があり、加えてHBC、NHK、新聞社など周辺にあったマスコミ各社を中心に、画家、作家、俳優など多彩な顔ぶれが集まった。中には日に3度も訪れる人がいて、「おはようといって

仲通りにあったモダンなインテリアの店内は、マスコミ関係者や文化人などで賑わった

らっしゃい、お帰りとお休み、のあいさつを繰り返していました」。朝8時から夜8時まで、最盛期は客が15回転もしたというから、とてつもない人気ぶりだった。

それを陰で支えた妻の美佐子さんは、四国の愛媛県出身。まだ高校生の時、四国で行われた国体に重量挙げの選手として出場した小助川さんに見初められ、6年間の文通を経て結ばれた。「当時は珍しかったプロペラ機（YS11）で、瀬戸内海と津軽海峡、2つの海を渡ってお嫁に来ました。当初は雪に泣かされて……」と美佐子さん。また、結婚と同時に店を手伝う羽目になるが、会社員の家庭に生まれた彼女が「いらっしゃいませ」を自然にいえるようになるまでには、かなりの時間がかかったという。

こうして、夫唱婦随で店を軌道に乗せたものの、今度は丸井今井が新たに大通館を建設することとなり、69年に撤退を余儀なくされる。そこで同年、丸井今井一条館4階（後に2階へ移転）の紳士服のフロアに、喫茶「ミ・ロード」をオープン。この店はその後も、一条館9階にある社員食堂の中に残されていたという。いずれにしても、私自身はうらに通うには遅すぎた世代で、幻の店となってしまったのが残念だ。

マッチ箱のスミ

かつみのラーメンは本当に美味しかったようで、幻のラーメンとして今も語り草になっているほど。

ベルン

1960〜2007

終始変わらなかった味へのこだわり

喫茶店が全盛期を迎えていた70年代、ビジネス街のビル地下には無数に店があった。当時、食事とコーヒーを別の店にするのは当たり前。そば屋などで食事をそそくさと済ませ、残り時間をゆっくり喫茶店で過ごす人が多かった。店内では独りで本を読む人、同僚と世間話をする人、ゴールインしそうな社内カップルなど、短い時間に様々なシーンが繰り広げられていた。そんな昔ながらの光景が良く似合ったのが、北1条通りに面したビル地下の喫茶「ベルン」である。

一歩足を踏み入れると、正面のカウンターにはいつもチョッキにネクタイ姿の店主・河合美信さんが立っていた。店内にはBGMにクラシック音楽が流れ、壁に飾られた山岳写真やビロード張りの椅子が、懐かしい雰囲気を醸し出す。札幌南高を経て東京の大学へ進んだ河合さんは、卒業後の1960年(昭和35年)にこの店をオープン。奥様の実家が食堂でそこを手伝った経験から、接客業が少しわかっていた河合さんは、姉夫婦が当時営んでいた喫茶「ピーター」(中央区南1西3)が繁盛したこともあって、開業に踏み切ったという。

閉店時はビル地下にあったが、最初は路面店で同じ住所の東向きに建っていた。店舗は山小屋風の造り、店名も世界遺産であるスイスの古都・ベルンから名づけ、山岳写真を飾ったことから山の愛好家が続々と集まり、落書き帳まで置くようになったという。しかし、8年後に立ち退きとなり、北1西2に移転したのは68年のこと。開店当初、河合さんの目標は、楠野好孝さんが5年ほど先んじて開いた「コージーコーナー」(p92参照)で評判のコーヒーを、味でしのぐことだった。「自分のコーヒーは、それよりもっと美味しくしたかった。その目標があったからこそ、40年以上も続けられた気がします」と、生前の河合さんはしみじみ語っていた。

開店当初は路面店だった

DATA

閉店年　2007年(平成19年)
閉店時の住所　札幌市中央区北1条西2丁目、りんどうビル地下1階

クラシック音楽が流れる木の温もりを生かした店内には、いつも河合さんの姿があった(2004年撮影)

店内中央の梁には「1960」「1963」「1968」と、3つの年号が暗号のように刻まれている。何の意味か尋ねたところ、「60年がオープン、63年が改装、68年が移転です」と感慨深げに教えてくれた。長いキャリアを持つ河合さんだが、最期まで「今日のコーヒーは美味しく淹れられるだろうか」と心配だったそうで、味に関しては探求心を失わなかった。豆は開店時から付き合うキング珈琲から仕入れ、焙煎担当者と一緒にこの店独自のブレンドを作り上げた。店がスタートした当時、コーヒーは50円。それをネルドリップで一杯ずつ丁寧に落としていく。しかし、完璧を目指す河合さんにとって満足できる日は少なかったという。

コーヒーの味も昔とは変わっていく。「かつては焼きが浅く、酸味の強いものが好まれましたが、最近では酸味が嫌われています」。その言葉通り、晩年は酸味と苦味のバランスが良く、洗練された柔らかな味わいのコーヒーを提供し、昔ながらの厚みある白いカップが味を引き立ててくれたものだ。「味にうるさい人が少なくなった」と嘆いていた河合さんにとって、うれしいのは黙ってお代わりを頼まれることだった。味にこだわり続けた人生が、報われる瞬間だったのである。

マッチ箱のスミ

客の8割は常連で、開店時から通う客も少なくなかったが、2007年(平成19)夏に河合さんが逝去され、閉店している。

シャノアール

1966〜2005

お洒落でモダンな都会の隠れ家

83年から使われた2代目のマッチ

DATA
閉店年　2005年(平成17年)
閉店時の住所　札幌市中央区南2条西3丁目、北宝ビル地下1階

ラワン材を使った美しい曲線を描く天井と茶系の床、可愛い花柄のコーヒーカップにほの暗い照明——。若き日の私が通った頃とほとんど変わらない「シャノアール」の店内は、クラシックな造りながらお洒落でモダン。今どき、こんな喫茶店が残っているなんて信じられないほどだった。

私たちの青春時代は、デートの場所といえば喫茶店。待ち合わせはもとより、お金が無いから何時間でも粘って語り合ったもの。当時は、男性のコーヒーに女性が砂糖を入れてあげる習慣があった。スタンダードは2杯半だったと記憶するが、「幾つですか?」と聞かれて自分の歳を答えたという、そそっかしい友人もいる。

そんな懐かしい記憶が甦る喫茶「シャノアール」は、1966年(昭和41年)に店主の岡田賀子さんが開いた。といっても、取材時の岡田さんは年齢よりずっと若々しく、経営者然としたところが少しも無い、終始穏やかな笑顔が印象的な方。フランス語で「黒猫」を意味する店名は、若い頃、ご自身が黒い服ばかり着ていたことから命名したそうだ。

岡田さんと喫茶店の付き合いは古い。55年に実家のあった中央区南2西6で母親と開いた「ラ・グランジュウ」が、最初の店である。もともとご両親は、この場所で「山田幸運堂」という和菓子屋を営み、建物は木造モルタルの平屋造りだった。それを改装した店舗は、通路にレンガを敷き、建て増した2階にはバルコニーも設けるなど、相当にモダンな造りだったらしい。

やがて結婚を機に引退し、6年後に再び開いたのがこの店だ。カウンター7席に4人掛けのボックスが14入る広い店だったので、最初は戸惑った。しかし、この店舗を見つけてきたご主人に「大丈夫だ」と後押しされ、わずか10日間でオー

曲線を描く天井と白い壁面がモダンな、〝隠れ家〟と呼ぶに相応しい空間だった(2004年撮影)

プンに漕ぎつけたという。ちなみに、今は亡きご主人は、道議会の副議長も務めた岡田義雄さんである。

コーヒー120円(閉店時472円)でスタートしたが、モデルさんやアーティストなど個性豊かでお洒落な人たちが次々と訪れ、店内はいつも満員。「いつしかお洒落をして来るような店になり、お客さん自身が絵になるという時代でした」と、岡田さんは当時を振り返る。それほど多忙な日々を送りながら、母としての子育てや議員の妻としての務めもしっかりこなしていた岡田さんは、まさに八面六臂の活躍ぶり。「窓が無い店なので、ここに来ると落ち着くんです。私にとって、いわばシェルターみたいなものでした」と岡田さん。

それだけに、店は大事に育ててきた。バブル後は喫茶店受難の時代が続くが、店を継続させるために努力を重ねた。2004年(平成16年)には店内で「シャンソンの夕べ」を開催するために、電子ピアノまで導入。「じっとお客さんを待つ、こういう仕事は女の仕事ですね」と、淡々と語っていた岡田さん。開店以来ほとんど変わらぬ店内と同じく、「都会のど真ん中で、ほっとできる空間を提供したい」という終始一貫した岡田さんの姿勢には、秘めたる情熱が隠されていたのである。

マッチ箱のスミ

この店も05年11月、ついに終焉の時を迎えている。またひとつ、ビジネス街の名店が消えてしまった……。

つむぎ

1970～2006

夜の"ビジネス街"の変遷を見守って

その昔、ススキノには、通りに面した角々に喫茶店があった。恋人たちのデートやホステスさんの上客との待ち合わせ、はたまた商談にまで利用されていた。高級クラブに勤めていると思しきホステスさんが、出勤前に凄腕らしい他店のスカウトマン(なぜか上下とも白の背広姿だった)に口説かれている姿も良く見かけた。あの頃の喫茶店は、実に様々な使われ方をされたものだ。

そんな時代を思い起こさせる佇まいを持つ喫茶「つむぎ」は、南4条通りに面した角地のビル1階に入る煙草屋を兼ねた小さな店だった。呉服卸業でビルのオーナーでもあった先代の木下闊《ひろし》さんが、つむぎビルを新築した１９７０年(昭和45年)に開店。コーヒーは１１０円。後を継いだ現・社長の木下義章さんによると、「親父の日課は、南向きに窓のある喫茶店で、朝陽を浴びながらコーヒーを飲み、新聞を読むことでした」。在りし日の先代は、生粋の喫茶店ファンだったのである。昭和30年代、これも角地にあった「りどう」(中央区南4西4)や「あまんど」(南3西4)に通い詰め、ついには自社ビル1階で念願の喫茶店を開くに至ったという。

クラシックなスタイルの喫茶店としてスタートしたつむぎだが、そのイメージを大きく変えたのは、先代が亡くなった後の90年(平成2年)のこと。高級感あるヨーロッパ調のインテリアに一新すると共に、コーヒー豆を宮越惣一さんが営む「インフィニ珈琲」に代えたところ、開店以来のネルドリップと相まって、コーヒー通の間で味の良さが話題を呼ぶ。とはいえ、見かけほど客足が増えた訳ではなく、「ビルのオーナーが、道楽とサービスで営んでいるようなもの」と苦笑する木下さん。「喫茶店の売り上げは、もう街(経済)のバロメーターにはなりません。テナント料を払って営む喫茶店が、商いに

大きな窓が特徴だったかつての店内

DATA

閉店年　2006年(平成18年)
閉店時の住所　札幌市中央区南4条西5丁目、つむぎビル1階

改装でスペースが縮小された閉店時の店内。最期まで煙草屋の窓口が残されていた（2005年撮影）

なる時代は終わったんです」と冷静に分析する。

２００５年に店舗を大幅改装をするまで、広さはほぼ開店当時のままだった。店内が不自然な形だったのは、歩道の幅を広げる目的で市に土地を買収されたため。スクリーンのような大きな窓からは、時計を見ながら足早に歩くビジネスマンやファッショナブルな若い女性など、道行く人を眺められたもの。改装後も、窓の大きさは小さくなったが、外の風景を変わらず楽しめる店だった。

ちなみに、向かい側の現在札幌東急ＲＥＩホテルがある場所には、かつて西本願寺別院があり、大きな屋根から雪が落ちる度に電車が止まったそうだ。またホテルが出来るまでの工事中、別院の跡地からはたくさんの遺骨が発見され、その度に町内会でお坊さんを頼んだという。そんな境内を遊び場に育った木下さんは、喫茶店と共に親子2代に渡ってススキノの変遷を見守ってきた、生き証人といってもいい。

「ウエシマ」（南4西4、恵愛ビル1・2階）や「ＡＢＣ」（南5西3、五條ビル地下1階）、「それから」（南4西4）など、華やかなネオン街で消えていった無数の喫茶店。その残り香の漂う店が、またひとつ消えた。

マッチ箱のスミ

ススキノの角地に建つ稀少な店だったが、06年6月30日、ついに閉店してしまった。残念だなあ。

るふらん

1974～2004

定評ある味わいと居心地の良い接客

店内にはボックス席もあった

DATA
閉店年　2004年(平成16年)
閉店時の住所　札幌市中央区北4条西4丁目、読売新聞北海道ビル地下1階

ＪＲタワーや大丸デパートの誕生で、札幌駅周辺は近年大きく様変わりした。大通公園周辺の一流会社はこぞって駅周辺のビルに移転し、道内各地からの買い物客は駅前に集中、かつてない隆盛ぶりを見せている。その影響で、駅前エリアは今も再開発が進んでおり、ビルの建て替えや新築が至るところで進む。その余波を受け、入居するビルが取り壊されることから閉店したのが、喫茶「るふらん」である。

札幌生まれの店主・安藤庄司さんは、名古屋の喫茶店で修業をした後、札幌に戻り、１９７４年(昭和49年)４月に開店。10席のカウンターとベンチシート式の椅子が３つ、２人掛けのボックスが２つというこぢんまりとした店だが、当初からコーヒーの味の良さで評判を呼ぶ。安藤さんによると、店名のるふらんは「英語でいえばリフレイン(繰り返し)を意味するフランス語で、何度も来て貰いたいという思いを込めてつけました」。

シャンソンがＢＧＭに流れる店内は、新聞がやっと読める程度の明るさで、安藤さんの実兄で画家の高橋英生さんの油彩絵が壁にさりげなく飾られていたのが印象に残る。定評のあったコーヒーは開店以来、美鈴コーヒーの豆を使い、豆の選択から焙煎方法まで独自に指定していたのでオリジナルな味わいが楽しめた。マイルド、ストロング、アメリカンの３種類あるブレンドはネルドリップで、マンデリンなど10種類あるストレートはサイホンでと、それぞれに適した方法で抽出する。さらに、「コーヒーシュガーも、溶けやすいようにミルで挽いてから出していました」。コーヒー好きが高じて開店した安藤さんのこだわりが、随所に現れていた。私が好きだったアイスコーヒーも、グラスの底にガムシロップを流し込み、次に砕いた氷を入れ、その上にコーヒーを注ぐ3段重ね

シャンソンが流れる静かな店内では、カウンターにひとり陣取る客が多かった(2004年撮影)

になっていて、実に手間ひまをかけていた。

また、30年に及ぶ喫茶店人生の中で、安藤さんが心掛けてきたことは公平なサービスだ。得てして、常連客にはサービスが行き届き、初めてのお客さんは扱いがおろそかになりがちなもの。しかし、この店では初めてのお客さんにも平等に接し、ひとりでも気兼ねなく来られるように配慮した。「ビジネス街の喫茶店なのでひとりのお客さんが多く、なおさら気を配りましたね」と安藤さん。そうした気遣いもあって、開店当初は単身で立ち寄る女性客が9割を占めた。4年後には男女の比率もほぼ半々となり、最盛期は1日300人もの客が訪れる人気店に。しかし、90年代に入ると客は減少、バブル景気の失速が影を落とし始めていく。

立ち退きのため、2004年(平成16年)8月にいったん閉店したものの、安藤さんは「また店を開きたい」と語っていた。駅前エリアにはなかなか手頃な物件がなく、難しければ「宮の森の自宅を改造して開店することも。いずれにしても、またいい店を造りたい」と意欲的だった。とはいえ、駅前エリアの名店と一度は謳われたのだから、新しい店もぜひこの周辺に出してもらいたいと思うのは、筆者のわがままだろうか。

マッチ箱のスミ

ここのアイスコーヒーは濃厚かつまろやかで、生クリームの美味さと相まって市内でもピカイチだったと思う。

ロックフォール カフェ

1988〜

くつろぎを提供する大人のための空間

酒場の先輩だった作家の寺久保友哉さんがかつて、「いい喫茶店を知っているよ」と教えてくれたのがこの店だった。時計台の鐘が間近に響く仲通りに面したビル2階にあり、店内のほど良い薄暗さと重厚な木製の椅子とテーブルが、訪れる者をほっとくつろがせてくれる。行く度に懐かしさを感じてしまうのは、やはり喫茶店設計で定評のある今映人さんの手によるものだからだろうか。カウンターやボックス席など店内の造りに、今さんがこれまで手掛けてきた数々の名店の香りが、そこはかとなく漂うのだ。

初代店主の山口功さんは札幌生まれ。「もともと食べることが好きだったんです」と語る山口さんは、大学在学中に早くもコックを目指して調理師学校へ通う。卒業はしたものの、ホテルで修業をするには年齢的に遅すぎたことを知り、老舗の洋食屋「アラスカ」に10年ほど勤めた後に独立。軽食メインの喫茶店を経て、1988年(昭和63年)にこの店を開く。

店名の〝ロックフォール〟とは、フランス語で城塞の意味。床に石を敷き詰めたことから名づけたもので、当時は電話帳にも無い珍しい店名だった。ところが、フランス産青かびチーズを代表するブランド名でもあり、「後からチーズの方が有名になってしまって……」と苦笑していたもの。

開店当時は、まだ喫茶店の全盛時代。朝・昼・晩と通う人や、待ち合わせに使う人、原稿を書く人など、様々な用途で活用された。しかし、「携帯電話の普及で待ち合わせる必要がなくなり、コンビニエンスストアーのコーヒーで済ませてしまう人も増えていますからね」と語っていた山口さん。喫茶店にとっては厳しい時代だが、ネルドリップで一杯ずつ丁寧に淹れるストレートコーヒーを、その人に合ったカップで出すスタイルを愛して通うファンはまだまだ多い。豆は長らく

時計台の鐘の音が間近に聞こえる

DATA

住所　札幌市中央区北1条西3丁目、古久根ビル2階
電話番号　非公表
営業時間　10時〜22時(無休)
コーヒー　フレンチ・マイルド各600円、モカマタリ850円、ケーキセット(コーヒー・紅茶)各1200円
駐車場　なし

シックな色調のインテリアが落ち着いた雰囲気を醸し出す。夏場は窓が開けられ開放的に（2004年撮影）

宮越惣一さんの「インフィニ珈琲」を使ってきたが、惣一さんが逝去されたことから、現在は弟の精一さんが営む「カフェ・ノエル」の自家焙煎豆を使用。ブレンドでも濃厚な味わいが楽しめ、この店の甘党メニューにもよく合っている。

カウンターには、一枚板のどっしりとしたナラ材を使用。自然な木目を生かすために平らでない部分があり、そこにカップを置くと傾いてしまう。でも、だからこそ親しみを感じてしまうのは私だけだろうか。座りやすいテーブル席の椅子は、どっしりとした木製。外国製かと思いきや、中央区の盤渓にある知的障害者の授産施設〝草の実工房もく〟にオーダーしたものだ。こうしたこだわりも含め、この店をこよなく愛したのが、同じ仲通りにある「マリヤ手芸店」の会長だった松村亮一さん。雨の日も風の日も欠かさず通っていたが、2024年（令和6年）1月に99歳で逝去されている。

23年5月には経営者が交代し、現在は札幌のカフェ＆コーヒーチェーンなどで修業を積んだ職人気質の店主が、娘さんとともに店を切り盛りする。主が代わったとはいえ、斜めのカウンター同様、一杯のコーヒーを心ゆくまで楽しめる静謐な空気にいささかの変わりもない。

マッチ箱のスミ

カウンター正面の棚には、ロイヤルコペンハーゲンのイヤープレートが、開店の年からずらりと並べられている。

ちょっと一服⑦

札幌初のコーヒーは明治期開店の有合亭

日本最初の喫茶店は、1886年（明治19年）開店の東京・日本橋「洗愁亭」という説がある。しかし、初の本格的な喫茶店といえば、その翌年、東京・上野に誕生した「可否茶館」であるというのが定説だ。ちなみに、北海道で初めてコーヒーが飲まれたのは、1856年（安政3年）のこと。幕府が、オホーツク沿岸の警備にあたる秋田や会津藩士に「寒気を防ぎ、温邪を払う」と効能書をつけ、越冬用せんじ薬として支給したのが始まりといわれる。

和田義雄さん（p98）が『さっぽろ文庫7　札幌事始』（北海道新聞社刊）に書いた一文によると、札幌で嗜好品としてコーヒーが飲まれるようになったのは、1906年開店のレストラン「有《あり》合《あい》亭」が最初だという。当時、1杯5銭だった。有り合わせの物を召し上がっていただく、という意味の店名ながら、名作『レ・ミゼラブル』の文豪ビクトル・ユーゴーをもじり、皆が〝ユーゴー亭〟と呼んだそうだ。札幌らしいハイカラさもあって、いいエピソードだと思う。その後、本格的な喫茶店として、レコードファンの人気を集めた「アキノ」（中央区南1西4）、有合亭と同じ経営者が新たに開いた「ルビー」（南1西3）も登場。共に大正末期の開店である。

個人的な話になるが、私が初めて入った喫茶店は、南1条の電車通りに面していた「チロル」。高校2年生だった。当時、高校生は喫茶店に入ることを禁じられていたが、ボーイフレンドに連れて行かれ、小さな冒険をしたような気分になったもの。高校3年生になると、同級生の両親が営む喫茶「モカ」（南2西3）の片隅で受験勉強に励んだ。大学入学後に学生街の喫茶店を経て、OL時代はビジネス喫茶に通うが、月末に懐が寒くなるとコーヒー70円という低料金の「シャンテ」（北1西3）へ行った。味は上等とはいえないが、贅沢はいっていられなかった。

やがて活字の世界に携わるようになり、「大通茶房」（南1西1）や「アトリエ」（南1西3）など先達に教わった店は数え切れない。70年（昭和45年）前、道内には約2500の喫茶店があり、そのうち400店余りが札幌に集中していたという。あの頃は、まさに喫茶店の黄金時代だった。

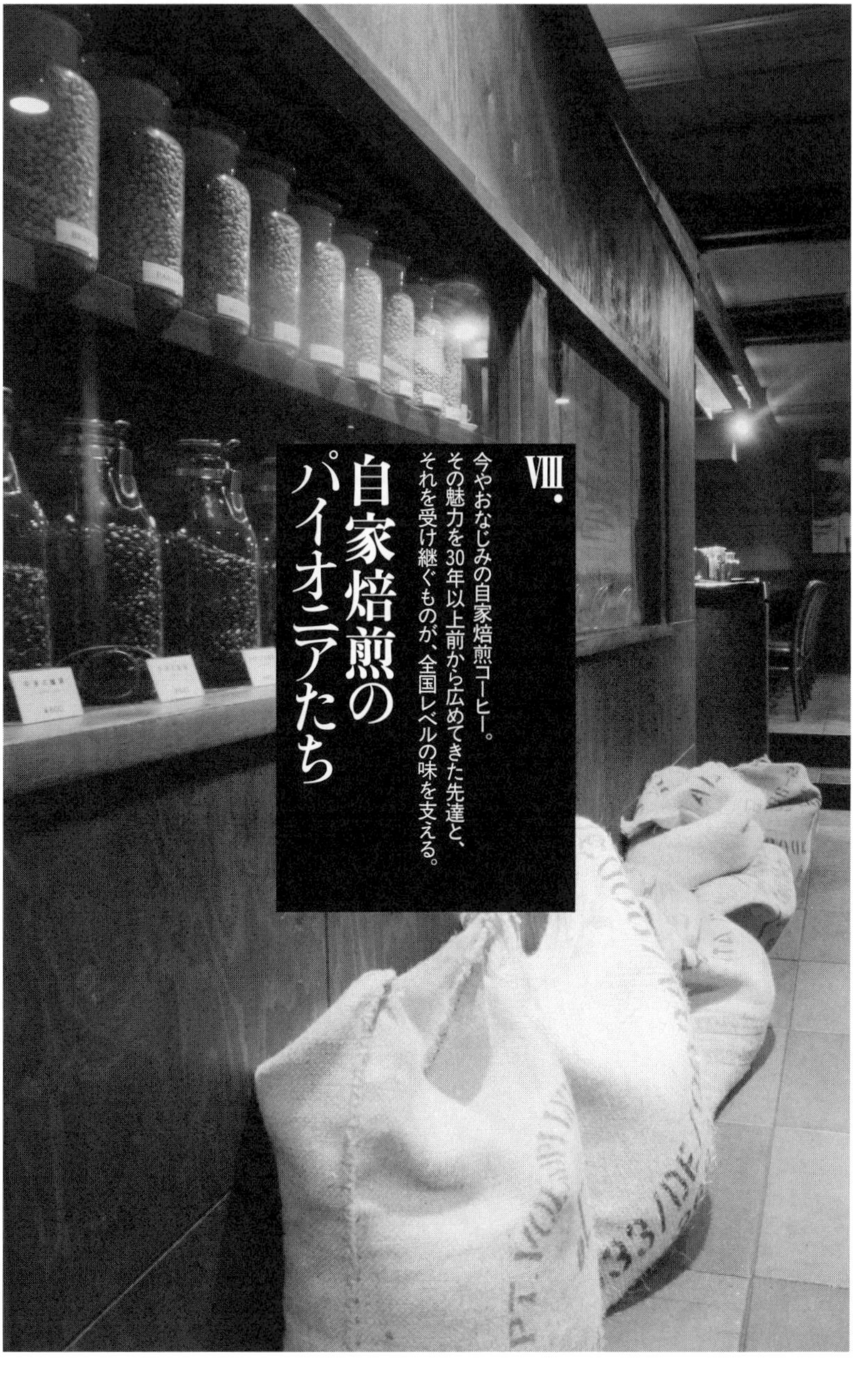

VIII・

自家焙煎のパイオニアたち

今やおなじみの自家焙煎コーヒー。
その魅力を30年以上前から広めてきた先達と、
それを受け継ぐものが、全国レベルの味を支える。

可否茶館大通店

（かひさかんおおどおりてん）

1971～

喫茶店文化支えた自家焙煎の草分け

もう50年以上前の話になるが、紀伊國屋書店が札幌に進出して間もない頃、札幌店（現在は移転）が入っていたビル地下の「可否茶館」でコーヒーを飲み、ひどく驚かされたことを覚えている。というのも、珍しいサイホンの器具がカウンターの上に並び、より良く味わうためにとコーヒーには炭酸水とナッツ＆クッキーが付いていたからだ。

元オーナーの滝沢信夫さんがこの店（現在の大通店）で可否茶館を創業したのは、冬季五輪札幌大会の前年にあたる1971年（昭和46年）のこと。中標津町育ちの滝沢さんは、父親の転勤で全国各地を転々とし、最後は横浜に落ち着く。多摩美術大在学中に学生運動を経験し、卒業後は広告代理店に勤務するが、通勤ラッシュに揉まれながら仕事をこなす東京の生活に疑問を覚え、1年半で退職。「自分らしい生き方をしたかった。喫茶店なら色んな人に出会えるし、大好きなコーヒーの魅力を多くの人に伝えられる」と考え、横浜のコーヒー専門店で1年ほど修業を積む。「厳しい店長に接客やコーヒーの落とし方など、開店から閉店までのすべてを教わり、理屈は通用しないことも身をもって学びました」。その経験が大いに役立ったという。

東京から離れたかった滝沢さんは、全国各地の都市を下見して回る。中でも札幌は、冬季五輪を目前に控えて活気に満ちていた。さらに、大型書店の近くに手頃な物件が見つかったこともあり、札幌への出店を決意。店名は、明治時代に東京・上野に開店した、日本初の珈琲店と伝えられる〝可否茶館〟にちなんだ。こうして、カウンター16席でスタートした可否茶館が、その後、「ＥＬＥＶＥＮ」（ｐ42参照）の日比さんと競うように、札幌の喫茶店文化の二大潮流を巻き起こす店に成長するとは、この時点で予想もつかなかった。

豆の小売りを始めたのも早かった

DATA

住所　札幌市中央区大通西1丁目、桂和大通ビル50地下2階
電話番号　011･241･3662
営業時間　9時～20時（日曜・祝日は～18時、無休）
コーヒー　ブレンド・ストレート各550円～
駐車場　なし

男性スタッフのてきぱきとした対応が評判を呼んだ、ウッディーな造りの店内（1976年撮影）

さて、可否茶館が持ち込んだ新しいスタイルは、今までにない洗練された接客もあって、瞬く間に幅広い層から支持を受ける。コーヒー150円。しかし、どのメーカーの豆を使っても味に納得できない滝沢さんは、開店2年目から自宅近くに物置小屋を借り、独学で自家焙煎を始める。「何の教科書もないので、豆を焼く機械から自分で作りました」。理想に近い豆が出来た頃、常連客から豆を分けて欲しいと頼まれ、「これからは家庭でコーヒーを飲む時代が来る」と確信。そして、店の正面に新設した豆の小売りコーナーが評判を呼んだことが、可否茶館チェーンを築く祖となったのである。

79年には、建築家の倉本龍彦さんの設計で、2軒目となる「可否茶館倶楽部」(次項参照)をオープン。この店を契機に、滝沢さんは次々と個性的な店舗と豆の挽き売り専門店を展開する。さらには、可否茶館で焙煎を学んだ弟子たちが独立し、自家焙煎コーヒーの魅力を広めていった。その顔ぶれは、「斎藤珈琲」の斎藤智さん、「岩本珈琲」の岩本豊さん、小樽「ビアンカフェ」の佐藤敏之さんなど錚々たる面々で、人材育成の場にもなっていたのだ。70～80年代にかけての札幌の喫茶店文化を陰で支えた巨人、それが滝沢さんなのである。

マッチ箱のスミ

自家焙煎のパイオニアである滝沢さんのこの店で、カルチャーショックを覚えた同世代の仲間は、とても多かった。

可否茶館倶楽部

（かひさかんくらぶ）

1979～1996

人肌の温もりある古民家生かした空間

オンコの木立に囲まれていた

DATA

閉店年　1996年（平成8年）
閉店時の住所　札幌市中央区南8条西18丁目

自家焙煎コーヒーで一時代を築いた「可否茶館」創業者・滝沢信夫さんの目標は、「神戸の「にしむら珈琲店」や京都の「イノダコーヒ」のように、都市を代表する喫茶店を造りたい」ということだった。だからこそ、都市の顔となる喫茶店を目指し、70年代後半から80年代を滝沢さんは疾走した。

可否茶館1号店(現・大通店)はカウンター16席と狭く、いつも混み合っていた。そこで、「自宅の居間のような空間でコーヒーを飲んでもらいたい」をコンセプトに、建築家の倉本龍彦さんと新店舗に相応しい場所探しを始める。ある日、旭山公園に向かう南9条通り沿いに、オンコの木立に囲まれて佇むトタン張りの古民家を見つけた。「行きは無かったのに、帰りに見ると貸家の張り紙が……。粘りに粘って、取り壊すまでの間だけという約束で借りたんです」と滝沢さん。

倉本さんの設計で改築された古民家は「可否茶館倶楽部」と命名され、1979年(昭和54年)にオープン。漆喰の白壁がノスタルジックな雰囲気の店内は、恋人たちにお似合いの洒落たテラス風の席、荷風や夢二がふらりと現れそうな障子張りの窓がある大正ロマン風の席などに分かれていた。柔らかな光を放つ照明の下でコーヒーを飲めば、都会の喧騒を忘れさせてくれたものだ。その頃の私は、タウンガイド『札幌青春街図(84年版)』を編集していて、〝市内喫茶店ベスト10〟という企画でこの店をベスト1に選んでいる。「機能性が先行する80年代感覚とはかけ離れた〝人肌のぬくもり〟がある」と絶賛し、大のお気に入りだったのである。

ところが滝沢さんによると、「開店初日、お客さんは誰も来なかった。いずれ絶対に来るという自信はありましたが」。その確信通り、開店から1カ月を経た頃から混み始め、雑誌でも取り上げられるなど人気が沸騰。ポットで出されるブレン

漆喰の白壁がノスタルジックな雰囲気を醸し出し、ひとりで行ってもゆっくり出来るのが良かった

ドコーヒー350円や手作りのレアチーズケーキなど、どれを取っても時代を先駆けていた。倉本さんは、「カウンター席を設けず、ひとりで物思いに耽り、ゆっくり本が読めるように設計しました。仲間と集うのが当たり前の時代なので、画期的だったと思います」と、当時を振り返る。

この店を契機に、「円山店」「時計台ガーデン倶楽部」など次々と環境に恵まれた店舗を展開。すべて倉本さんの設計によるものだが、「同じタイプの店は一軒もない」と滝沢さんが自負するだけあり、それぞれ個性的だった。が、その代表作は可否茶館倶楽部であったと、今も私は思っている。その後、この店は立ち退きのため96年(平成8年)に閉店した。

さて、可否茶館創立30周年を迎えた2001年、滝沢さんは突然、店の権利をすべて人に譲り、引退してしまう。そして「人生のやり直しが出来るなら土に帰りたい」と、自然の中で生きる農業を目指した。経営者は孤独だから経営上の苦労は随分とあったろうが、30年を区切りに本当に引退するとは思いも寄らなかった。可否茶館ブランドが今なお健在でありながら、滝沢さんの顔が見えないことに一抹の寂しさを覚えるのは、私だけではないだろう。

マッチ箱のスミ

引退後、滝沢さんは三笠市で「タキザワワイナリー」を開設。そのワインは絶賛されたが、病のため23年8月に逝去。享年77。

蔵人

（クロード）

1974〜2002

スススキノで生まれ
愛された味わい

自宅を改装した最初の店舗

DATA

閉店年　2002年（平成14年）
閉店時の住所　札幌市中央区南7条西4丁目、スターパレスビル1階
【自家焙煎珈琲の店 蔵人】
住所　札幌市中央区南18条西14丁目3-18
電話番号　011・532・1110
営業時間　10時〜20時（無休）
コーヒー　ブレンド（100g）550円〜、ストレート各種（100g）600円〜

喫茶「蔵人」は、デザイナー志望だった店主の嶋津彰さんが、実家を改築して1974年(昭和49年)に開店。「祖母は、昭和20年代に千歳の進駐軍から手に入れたコーヒー豆を、パーコレーターで淹れていました」と語る嶋津さんは、コーヒー好きだった祖母から大きな影響を受けたという。コーヒーは230円でスタート。店名は当初、画家のクロード・モネが好きだったので「クロード」としたが、同名の店が増えたため、父祖の地である九州・嶋津家で蔵を守る人を「蔵人《くろうど》」と呼ぶことにちなんで、後に改称している。

カウンター正面の棚には、ロイヤルアルバートなど一客ずつ異なるカップ&ソーサーが並ぶ。そこから、客のカラーに合わせて選んだ器でコーヒーを出すのが蔵人流。若い頃の私は、今日はどんなイメージの器が出てくるのかを楽しみに待ったものだ。やがてこのスタイルは、数多くの店で踏襲されるようになる。もっとも、器に凝り過ぎてコーヒーの味がおろそかになったと反省した嶋津さんは、開店2年目から自家焙煎をスタート。その雑味のない味わいが愛され、多い日は200人もの客が入る人気店へと成長。梯子で上る2階の小さな焙煎室で、毎日ひとりで作業をしていたという。

カウンターとテーブル席合わせて13席というこぢんまりとした店内だったが、天井が吹き抜けだったせいもあり、狭さを余り感じさせなかった。ススキノでナンバーワンを誇った高級クラブ「チカル」に隣接していたこともあり、有名な寿司屋の店主や割烹の板前などススキノの職人さんが常連客として通い詰め、さらに高級クラブの艶やかな美人ホステスたちが加わった。そうした客たちが、隆盛時のススキノならではの光景を垣間見せてくれたのである。

ところで、俳優の高倉健は北海道と縁が深い。古くは網走

移転後の店内は、今映人さん設計によるシックで高級感あるインテリアが特徴

番外地シリーズに始まり、その後も『鉄道員』など北海道が舞台の映画に数多く出演していた。そんな健さんは無類のコーヒー好きで、札幌を訪れるといつもこの店に立ち寄った。「いらっしゃる時は、いつも貸し切りにしていました」と嶋津さん。私も東宝映画宣伝部からお声がかかり、この店で行われた〝高倉健さんを囲む女性記者の会〟に出席したことがある。記憶違いでなければ、映画『居酒屋兆治』のキャンペーンで来札した83年のことだと思う。お会いしてみると、今後の役作りを真剣に模索していて、その誠実さからますますファンになったものだ。コーヒーを淹れながら寡黙に微笑んでいた、あの時の嶋津さんの顔が今も忘れられない。

その後、店は立ち退きのため、94年(平成6年)に道路をはさんだ向かいのビル1階へ移転。その8年後には閉店した。嶋津さんにとっての喫茶店とは何かを伺うと、「やはり出会いの場所ですね」。ススキノの職人たちが情報交換をしたり、6時出勤のホステスたちが集まってお喋りしたりと、喫茶店が出会いの場となっていた。しかし、チカルがその歴史に幕を閉じると、後を追うようにこの店も消え、脂粉の香りと共に立ち込めるコーヒーの香りもまた、失われてしまった。

マッチ箱のスミ

嶋津さんは2006年、「自家焙煎珈琲の店 蔵人」をオープン。現在は店頭販売のみだが、店内ではコーヒーの試飲もできる。

和田珈琲店

（わだこーひーてん）

1976〜1979

焙煎職人になった伝説のミュージシャン

人気絶頂の山口百恵が『横須賀ストーリー』を歌い、世の中がロッキード事件で騒然としていた1976年(昭和51年)。ひとりのミュージシャンが、札幌の南3条通りにごく普通の喫茶店を開く。大滝詠一の「はっぴいえんど」や、あがた森魚と同じ音楽事務所に所属した「はちみつぱい」のベーシスト・和田博巳さん、その人である。

余市高出身の和田さんは卒業後、大学受験のため上京し、新宿のジャズ喫茶「DIG」でアルバイトを始める。学生運動やベトナム反戦デモ、アングラ文化など時代の洗礼を強烈に受けた和田さんは、大学に見切りをつけ、68年にロック喫茶「ムービン」を高円寺で開店。高田渡や友部正人、無名だった山下達郎など数々の歌手がライブを行い、今も〝高円寺フォーク伝説〟として語り継がれている幻の店である。その後、店は人に譲り、ミュージシャンとしてはちみつぱいで活動するが、アルバム1枚を残して75年にバンドは解散。それを機に札幌へ戻り、翌年、今度は「音楽喫茶ではなく普通の珈琲店をやりたい」と開いたのが、この「和田珈琲店」(後の「バナナボート」p36参照)である。

しかし、何事にも凝り性の和田さんは、自家焙煎の技術を、コーヒーマニアで後に喫茶「るびあ」を開く従二《じゅうに》直彦さんから習う。「従二さんが自宅で開いていた教室に通い、最初は蓋付きの手網で焙煎していました。金網越しに豆の色と香りの変化がわかり、最後は香りだけで焼き加減がわかるようになりましたね」と和田さん。余りにも手間がかかり、30分で500gほどしか焼けなかったが、こうした努力が実を結び、コーヒー(230円)の味が評判を呼ぶようになる。

当初は音楽の音量も小さかった。が、レコード約700枚を家から運び、スピーカーを整備するうちに、和田さんを慕

シンプルなデザインのマッチ

DATA

閉店年　1979年（昭和54年）

閉店時の住所　札幌市中央区南3条西6丁目

当初は珈琲にこだわった純喫茶を目指していただけに、インテリアもシンプルだった

って音楽好きの若者やミュージシャンが集まり始める。「ピチカート・ファイヴ」の小西康陽、人気雑誌『ブルータス』副編集長を経てカルチャー雑誌『relax』編集長も務めた岡本仁など、常連客は多彩な顔ぶれが揃っていた。

また、海外アーティストを招聘する事務所との繋がりで、トム・ウェイツなどのコンサートを札幌で主催。「ひとりじゃ出来ないけれど、何軒か揃えば札幌でも海外アーティストのライブが楽しめると考え、飲食店の仲間に声をかけたんです」と和田さん。そうして77年に生まれた組織が、和田珈琲店を筆頭に「エルフィンランド」「楽屋」「ケーシージョーンズ」「月光仮面」「トイズ」「春一番」「ミルク」「もんもん」「ロックハウス」の10軒が参画した〝十転満店〟である。

79年には客層の変化に合わせて音楽喫茶に改装し、店名もバナナボートに改めるが、後に店を閉め、東京で再び音楽プロデューサーとして活躍。さらに、99年(平成11年)に再び帰札してバー「Tutti《トゥッティ》」を開店する。窓越しに美しい街路樹が見えるカウンターで、「あの頃、自分の住む街が文化的に豊かになることを目指していました」と懐かしんでいた和田さん。その言葉に、同世代としてしみじみ共感させられた。

マッチ箱のスミ

2005年、再び東京へ旅立った和田さん。彼の「Tutti」は、いいお酒・食べ物・音楽の三拍子が揃う名店だった。

カフェ・ランバン

1977〜

洗練した味わい生む
飽くなき探究心

春のうららかな陽射しを浴びて散策を楽しみ、歩き疲れた時に飲む一杯のコーヒー。できればお気に入りのインテリアの店で、美味しいコーヒーを心ゆくまで味わいたいものだ。都心部では数少なくなったそんな喫茶店のひとつが、「カフェ・ランバン」である。

モカやマンデリンなど10種類ほどが揃うスペシャルティコーヒーを頼むと、まずリキュールグラスに入った炭酸水が出される。それを口に含み、舌をすっきりさせてからコーヒーを味わうのがランバン流だ。自家焙煎を始めて約50年というキャリアを持つ店主・阿部和弘さんが生み出した、軽めのまろやかな味わいには、〝洗練〟という言葉が良く似合う。

阿部さんは、学生時代からのコーヒー好きが高じて、卒業後は大手のコーヒー問屋に就職。コーヒー豆についての基礎を学んだ後、中央区南3西5のビル地下で1977年(昭和52年)に開店し、この地に移転したのは86年のこと。

南3条通りに面したこの建物は、かつて1階がサンドイッチで人気の喫茶「サラ」、2階は大家さんの住居だった。そのスペースを借りて、当初は2階部分のみでオープン。設計は「ELEVEN」「ホールステアーズカフェ」など、数々の名店をデザインした今映人さん。わずか9席の黒塗りのカウンターとテーブル席3つ、低く流れるBGMのジャズ、そして無心にコーヒーを淹れる寡黙なマスター——。70年代のジャズ喫茶を再現するかのようなこの空間に、ノスタルジーを覚えて通ったのは私だけではないはずだ。

その後、サラの閉店に伴い1階部分も店舗に改装し、建物の外観全体をリニューアル。木材とレンガを組み合わせたシックな色彩の外壁にツタを絡ませ、入り口横に花を植え込んだ佇まいは、通りがかりに眺めるだけでも目を楽しませてく

テーブル席が並ぶ1階フロア

DATA

住所　札幌市中央区南3条西5丁目
電話番号　011・221・5028
営業時間　8時〜18時(土曜は〜19時、各閉店30分前ラストオーダー、木曜休)
コーヒー　ブレンド700円〜、ストレート800円〜
駐車場　なし

道行く人の目を楽しませてくれる、レンガと木材を組み合わせたシックな色合いの外観

れる。今さんとのコンビによるこの設計は、97年（平成9年）に札幌市の都市景観賞を受賞し、評価をさらに高めた。

ところで、コーヒーの自家焙煎を手掛ける人には、求道者タイプの人が多い。阿部さんもそのひとり。味を追究するうちに深みへ嵌まり、3年間も悩み苦しんだ時期があったという。しかし、今は「昔はオールドビーンズが珍重されましたが、やはり採れたての新鮮な豆が一番、と僕は思います。焙煎は難しいのですが、味の決め手の6割は良い素材を使うことにつきますね」と言い切る。とはいえ、水に黒松内の名水を取り寄せて使うなど、そのこだわりは徹底している。

また、メインの器には滝川市在住の陶芸家・大野耕太郎さん作陶の高価な青白磁を使用。たとえばアイスコーヒーの器は、淡いブルーの中に小さな星の模様が透けて、眺めるだけで心が和む。建物、インテリア、器など、一杯のコーヒーを楽しむための気配りは心憎いほどだ。

「魔法の焙煎機がある訳ではないので、迷いつつ新しい発見をしながら、心を込めて美味しいコーヒーを出していきたいですね」と、控えめに語る阿部さん。その言葉の端々から、コーヒーへの熱い思いがひしひしと伝わってくる。

マッチ箱のスミ

2階のテーブル席に開店以来置かれている、鳩の形をした木製の真っ赤な砂糖壺が、とてもキュートでお気に入り。

斎藤珈琲

（さいとうこーひー）

1982〜

全国の名店も認めた個性豊かな味わい

オフィスで毎日飲むコーヒーの豆を、創業以来30年以上にわたり配達してもらっているのが「斎藤珈琲」だ。初代店主の斎藤智さんは1982年（昭和57年）、自宅のあった南区澄川のプレハブ造りの建物で、自家焙煎コーヒーの宅配専門店を開業。2年後には電車通り（中央区南20西15）へ移転した。そして、93年（平成5年）移転の円山西町9丁目を経て、もいわ山ロープウェイ山麓駅そばの、自然林を背後に従えた現在地へ落ち着いたのが2000年のこと。今は店頭で小売りもするが、その基本は変わっていない。

「僕はコーヒーマニアじゃありません。でも、自分の仕事として、いい製品を作りたいと思ってきただけです」と語っていた斎藤さん。雨の日も風の日も朝8時から昼時まで、焙煎に専念し続ける。仕入れた生豆は自らの目で徹底して選び抜き、独自に豆を組み合わせる手間ひまはもとより、安定した味を徹底して追求する姿勢は一貫している。サラリーマンより厳格で規則正しい作業が日課のため、「夜遊びや深酒は出来ないし、健康を維持するのが大変です」。そのストイックなまでの職人気質は、衆目の一致するところだろう。

秋田県出身の斎藤さんは、ジェイムス・テイラーの熱烈なファンで、彼の追っかけで札幌へ。それをきっかけにこの街を気に入ったことから移住を決意し、開店2年目の「可否茶館」（p116参照）にアルバイトとして入る。人生を左右するコーヒーとの出あいは、ここから始まったのだ。やがて、オーナーの滝沢信夫さんと共に自家焙煎に取り組み、試行錯誤を繰り返しながらも軌道に乗せる。その後、焙煎スペースを確保する必要もあり、滝沢さんは「可否茶館倶楽部」（p118参照）を開店。斎藤さんはここで店長を務め、約10年にわたって焙煎の経験を積んだ後、独立を果たすのである。

ミルやグラスポットも店頭で販売

DATA

住所　札幌市中央区南19条西16丁目6-10
電話番号　011・532・9003
営業時間　9時〜18時（日曜・祝日休）
コーヒー　豆は宅配と小売りのみで、ミックス（100g）838円〜
駐車場　2台

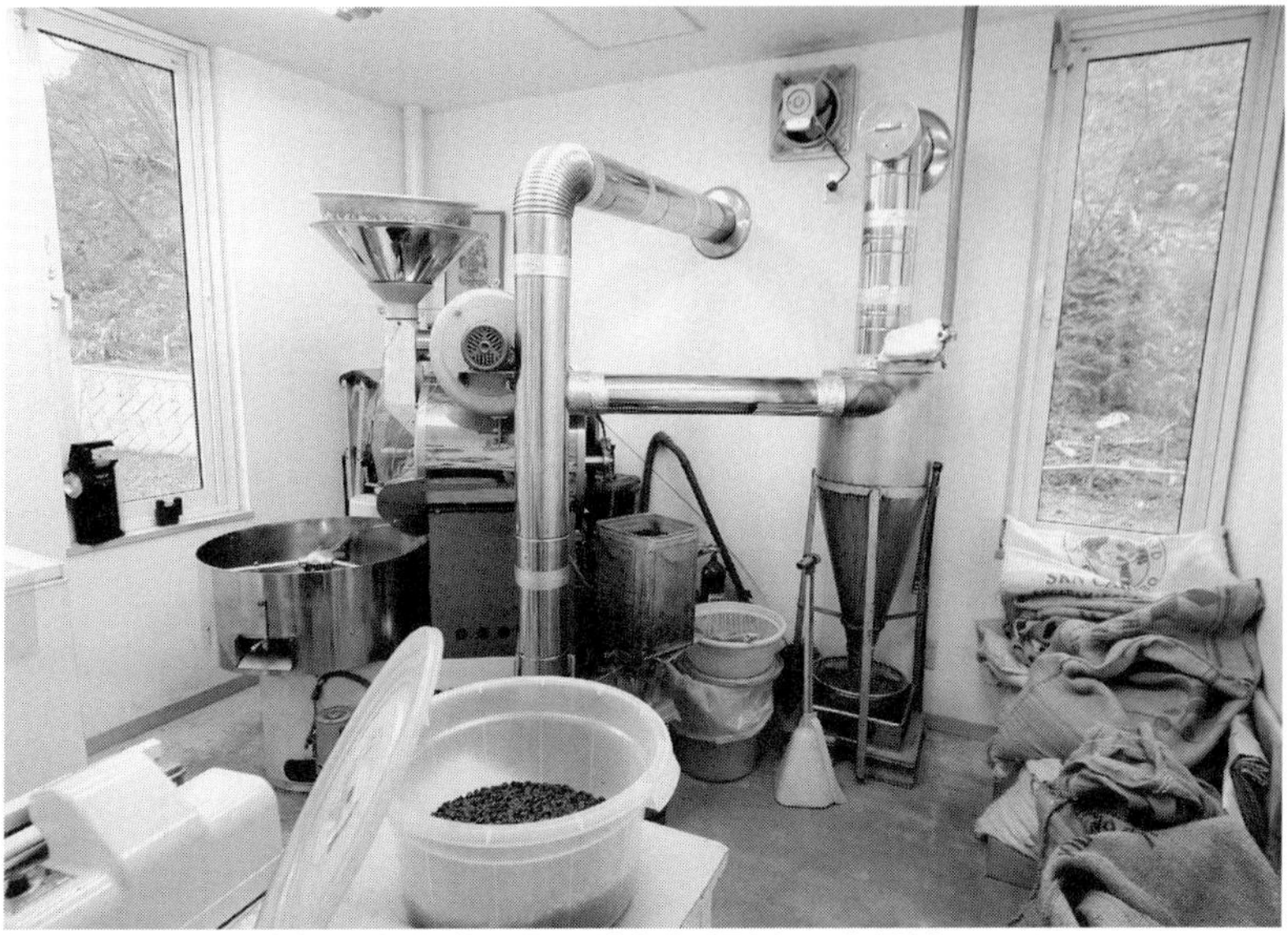
毎朝、作業を行う焙煎室は、掃除が行き届いて清潔感が漂う(2005年撮影)

ところで、北海道のコーヒーの味は、全国的にもトップクラスの水準にあり高い評価を受けている。その先頭を走ってきたのが斎藤さんだった。「うちで焙煎した豆の6割は本州に渡っているんです」と語っていたように、日本一の喫茶店の呼び声も高い「CAFE SHOZO」(栃木県那須塩原市)や神奈川県鎌倉市の「カフェ ヴィヴモン ディモンシュ」など、全国のコーヒーファンが集う名店に直接卸している。

弟分とも思っていた斎藤さんが病に倒れ亡くなったのは、2013年のこと。「ネルドリップであれ、コーヒーメーカーであれ、どんな淹れ方をしてもおいしい豆」を目指した彼の仕事ぶりは、コーヒーの求道者さながらだった。そんな斎藤さんが生前、「自分の後を託せる」と太鼓判を押していたのが、彼のもとで修業を積んだ2代目焙煎士の松林浩志さん。初代が作り上げた、個性的でありながら洗練されたまろやかな味わいを見事に受け継いでいる。そして、斎藤さんの妻・理代子さんが、代表として斎藤珈琲の基本をしっかり守っている。

藻岩山麓の自然林に抱かれながら焙煎された味わい深いコーヒーを、日々生み出す松林さん。札幌のコーヒー文化の担い手として、さらなる成長を期待したい。

マッチ箱のスミ

わがオフィスで出すコーヒー(斎藤珈琲)は、かなりの通でも味の良さを誉めてくれる。応援団としてはうれしい限り。

麻生茶房

（あさぶさぼう）

1984〜2008

珈琲嫌いも唸った
甘く優しい味わい

雪が降りしきる夕暮れどき、地下鉄南北線麻生駅そばの五叉路の1本を東へ歩くと、やがて仲通りに見えてくるのが、喫茶「麻生茶房」である。その山小屋風の建物から漏れる明かりに、ホッとさせられたもの。久しぶりに訪れたが、船の甲板を思わせるボードウォーク風のアプローチと珍しいトタン屋根、そして店内の静かな空気は、ほとんど変わりがない。強いていえば、フローリングの黒い塗装がはげ、白木風だった壁が赤茶色に焼けたことぐらいだろうか。

笑顔で迎えてくれた店主の中藤滋さんは、「昨日（2005年（平成17年）2月1日）、21周年を迎えたばかりなんです」。余りの偶然に、しばし沈黙してしまう。麻生茶房は、コーヒー豆の販売専門店「シーボルト珈琲店」（北区麻生2、99年麻生茶房併設に）が前身。中藤さんは、長沼町の「丘の上珈琲（珈琲考房）」で焙煎を担当する社長の武山敬二さんと共に、1984年（昭和59年）にシーボルト珈琲店を開く。武山さんが学生時代にアルバイトをしていた「茶寮ひょうたん島」（西区二十四軒4-7、現在は「茶寮空空《からから》」の店名で旭川に移転）に、高校生の中藤さんが通っていた縁で知り合った。

開店を敢えて2月にしたのは、「一番厳しい季節に開けば、それ以上は悪くならないと思って……。北区にしたのも郵便番号が001と全国のトップだったからで、すべて武山の意向です」と苦笑する。コーヒーの味と同じく、細部へのこだわりは並大抵ではない。やがて8席の店は手狭となり思案している時、すぐそばにあった喫茶店を引き継ぐ話が舞い込む。平田三重子さんが自宅の一部を改造して手作りパンの工房と喫茶にしていた店舗を、借り受けることになったのだ。こうして91年6月、新生・麻生茶房が誕生する。

この店では、コーヒーを80度前後のお湯で淹れる。中藤さ

懐かしい喫茶室のイメージだった

DATA

閉店年　2008年（平成20年）
閉店時の住所　札幌市北区北39条西3丁目
【丘の上珈琲（珈琲考房）】
住所　夕張郡長沼町字加賀団体
電話番号　0123・88・0820

グレーに塗られたトタン張りの外観は、おとぎの国の家を思わせた（設計は建築家の倉本龍彦さん）

んが長い経験から得た、豆自体の味と甘みを最大限引き出す温度だという。冷めても味が変わらないのは魅力だが、飲む時にどうしても温度が低くなるのは、日本茶の玉露と似ているかもしれない。こうして丁寧に落とされたコーヒーを味わってみる。「ふわっとした甘みの後にアロマが漂うでしょ」と中藤さんが語る通り、かすかな芳香を伴いながら喉を心地良く通り抜け、甘く優しく洗練された味わいが楽しめる。かつて襟立稔規さんが淹れてくれた「リヒト珈琲」がなぜか思い出される味だ。「特徴の無さが特徴で、コーヒーの嫌いな人にこそ飲んでもらいたい」と中藤さん。毎日、自らコーヒーを落とすことで一定のレベルは守っているが、10点満点を付けられる日はめったにないとか。気温や湿度の要因に加えて、自分の体調などによっても微妙に味が異なるという。

こうして麻生地区に生まれた〝シーボルト珈琲〟は、大きなブランドへと成長。麻生はもとより札幌全域、焙煎工房のある長沼町周辺まで宅配し、本州方面からの注文もこなすようになった。喫茶室を思わせる懐かしい雰囲気を大切にしながら、喫茶店らしいスタイルを20年以上守り続けた麻生茶房。〝継続は力なり〟を実感させてくれる店だった。

マッチ箱のスミ

建物の老朽化のため、08年3月23日に惜しまれつつ閉店。店主の中藤さんは現在、長沼町の「丘の上珈琲」で活躍している。

菊地珈琲本店

(きくちこーひーほんてん)

1986〜

低価格で良質な豆の提供を目指す

20年ほど前、友人に連れられて「菊地珈琲」を初めて訪れ、店内で販売する豆の種類の多さもさることながら、マイルドな酸味を生かしたコーヒーの美味さに驚かされた。しかも、値段は２１０円。東京資本のチェーン店でもないのに、感動的な安さである。「豆を買ってもらうための試飲室という考えで、最初は１８０円でした」と語るのは、オーナー店主の菊地良三さん。１９８６年(昭和61年)の開店時から少しずつ値上げして現在は３８０円だが、それでもうれしい。

十勝の音更町で生まれた菊地さんは、札幌の大学を卒業後、上島コーヒー本店に入社する。最初は東京支社へ赴任し、配達の仕事からスタート。コーヒーがまだ一般に普及していない時代で、「都内でもまだ、コーヒー豆を自転車やオートバイで配達する時代でした」。約3年半で札幌へ戻り、今度は同じ系列の札幌ウエシマコーヒーで営業マンとして活躍する。西支店長を務めた後、旭川や函館など道内8カ所の支社を統括する営業本部長として、菊地さんは辣腕を振るった。70年代のウエシマといえば、ススキノにナイトクラブ「ホリディ・イン・ウエシマ」や喫茶「ウエシマ」を有し、さらにコーヒー豆の卸も営む大きな会社だったのである。

しかし、次第に経営は傾いていき、45歳で独立を決意。長年のキャリアを生かして、卸中心の店舗を出すことを決意する。かつて、札幌にある「辻クッキングスクール」で、喫茶店開業の講座を持っていただけあって、中央卸売市場に近い現在の場所が、人通りの多いことはリサーチ済み。珈琲の美味さと相まって、店は大繁盛する。それも「眉毛というのは、滴り落ちる汗を止めるためにあるのですね」と、振り返るほど一途に働いた結果という。

さらに、創業17年目となる２００３年(平成15年)には、西

創業の地に建つ菊地珈琲の本店

DATA

住所　札幌市中央区北1条西20丁目3-33
電話番号　011・612・5688
営業時間　7時〜18時(日曜・祝日休)
コーヒー　ブレンド380円〜、ストレート430円〜
契約駐車場　8台
【菊地珈琲ブルーマウンテン館】
住所　札幌市西区宮の沢3条3丁目1-1
電話番号　011・668・2088

ビロード張りの椅子が郷愁を誘う、「菊地珈琲ブルーマウンテン館」の1階フロア

区宮の沢に「菊地珈琲ブルーマウンテン館」をオープン。宮の沢エリアの小高い丘の中腹に位置する立地のため、PRも兼ねてコーヒーショップを併設した。2階建ての前面は1、2階ともに店舗で、その裏手が焙煎工場。巨大な焙煎機を導入した工場では、神戸港から運ばれた様々な種類の豆が焙煎され、道内を中心に約100社の得意先に出荷されている。

ところで、コーヒー豆としては最高級のブルーマウンテンは、ジャマイカのブルーマウンテン地区で採れる、香りや苦み、酸味のバランスに優れた豆。その中でも粒が大きく香りの良い豆がブルーマウンテン№1で、その味の良さから〝コーヒーの王様〟と呼ばれている。それをこの店では、1杯750円という破格の値段で飲めるという。「この業界に40年ほど携わってきて、心のこもった店を作り、お客さんに利益を還元したいと思って」と菊地さん。

広い吹き抜けの店内は貸ギャラリーとして開放され、時にはジャズライブも開催されている。というのも、2代目の菊地博樹さんが企画を担当して、フリースペースを積極的に利用しているからだ。親子2代で守り抜く菊地珈琲、今後がますます楽しみな存在である。

マッチ箱のスミ

ブルーマウンテン館は1階が緑色、2階を真っ赤なビロード張りの椅子で統一。昔懐かしいムードで、年配の人も落ち着ける。

円山坂下宮越屋珈琲本店

（まるやまさかしたみやこしやこーひーほんてん）

1993～

札幌に根付いた地元のための珈琲

70年代初頭における札幌の喫茶店業界では、「ＥＬＥＶＥＮ」「北地蔵」の日比三裕さんと「可否茶館」の滝沢信夫さんが、二大潮流として時代をリードしていたと私は思う。ところが少し遅れて、80年代に入ってから登場した「宮越屋珈琲」の社長・宮越陽一さんは、あっという間に20店舗以上を展開。今や北海道における業界の雄として、揺るぎない地位を固めている。その展開の速さには誰もが舌を巻くが、では〝宮越屋珈琲〟という屋号は、いつから登場したのだろう。

名店「カフェ・アンセーニュダングル」から独立して「カフェ・アンフィニ」で再スタートを切った陽一さんは、２軒目の「ホールステアーズカフェ」(p82参照)を軌道に乗せた1991年(平成3年)、ある人物に出会う。それが、京都の「イノダコーヒ」と肩を並べる老舗、神戸の「にしむら珈琲店」創業者の川瀬喜代子会長で、たまたまお孫さんに札幌へ支店を出させようと考え、下見に来ているところだった。

大手のコーヒー問屋に紹介された陽一さんと話をするうちに、川瀬会長は決まりかけていた札幌進出をその場で断念したという。そして、「店を展開するなら責任が明確になるよう、自分の名前を出しなさい」とアドバイスをもらう。そこで、祖父がかつて営んだ宮越屋旅館の屋号を残したいこともあり、1カ月後にはカフェ・アンフィニの店名を「宮越屋珈琲店」に改称。そして93年、「円山坂下宮越屋珈琲本店」を開店し、豆の卸売りも本格的にスタート。97年には焙煎工場を建て、月産10トン規模のコーヒー豆生産を可能にした。いずれも借金によるもので、見かけによらず豪胆な性格なのだ。

そんな大規模化、多角化の裏側には、独自のコーヒー哲学がある。師と仰ぐのは、東京・吉祥寺にある「もか」店主の標交紀《しめじゆきとし》氏と、都内に3店舗を有する「アンセーニュ・ダング

店名がずらりと入ったマッチ

DATA

住所　札幌市中央区南2条西28丁目1
電話番号　011・641・7277
営業時間　10時～21時（20時30分ラストオーダー、無休）
コーヒー　ブレンド715円～、ストレート825円～
駐車場　約20台

天井が高く、窓も大きく取られた開放的な1階カウンター席。2階にはテーブル席も（2004年撮影）

ル」の林義国氏。しかし、どちらも条件的に限られた人しかそのコーヒーを味わうことは出来なかった。「根っこの精神はマニアックなコーヒーですが、もっと間口を広げて、その街で暮らし、コーヒーを愛する人たちにとっての〝地元コーヒー〟を作りたかった」と語る陽一さん。

「僕は伝説のコーヒーを文章で読んでも、飲めなければストレスがたまるタイプ。自分が学んだコーヒーの淹れ方を、仲間や息子たちに伝えたかったんです」。とはいえ、本人がそう思っても周囲に協力者がいなければ実現は難しい。草創期からのメンバーである店舗総括部長の三浦周治さんを始め、焙煎部長の板垣雄三さん、本店の山本昭さんなど、彼を陰で支える存在があったからこそだろう（肩書きは取材時）。

若き日にミュージシャンを目指した陽一さんは、今もギターの練習を欠かさない。いつかアイルランド民謡のような作者不詳の曲を集め、気に入ったミュージシャンとCDを作る夢を持ち続けているという。また、2004年秋には東京に支店を出し、念願の本州進出も果たした。喫茶店業界で第3の新人だった彼が、たった20年で切り開いた道。そのスケールの大きさには、感嘆させられるしかない。

マッチ箱のスミ

私がタウン情報誌を編集している頃、彼はミュージシャンだった。それが今では……、人生ってわからないものだ。

カフェ・ド・ノール

1997～2022

熟成で引き出した無限に広がる香り

映画館で作品を見終わった後、印象的なシーンを思い出しながらそのディテールに浸り、一杯のコーヒーを味わう――。そんな時を過ごすのにぴったりだったのが、2003年(平成15年)夏に閉館した札幌東宝日劇(中央区南1西1)地下の喫茶「カフェ・ド・ノール」である。壁は赤と濃紺、テーブル席にグリーンのプラスチック製椅子が配され、今映人さんの手掛けた仕事とは思えないほど異彩を放っていた。

店主は、自家焙煎豆の業務用卸を手がける「インフィニ珈琲」代表だった宮越惣一さん。宮越さんは、「東京で覚えたオールドビーンズの味を札幌でも提供したい」という弟・陽一さん(現・宮越屋珈琲社長)の要望に応えて、ホテルマンから転職し、自宅の1階を改造して1984年(昭和59年)から、陽一さんと共に自家焙煎を始める。札幌の業者に「豆を3年寝かせて欲しい」と頼んで、断られたことがきっかけだった。

当初は試行錯誤の繰り返し。選りすぐりの豆を3年間熟成して、香りと音だけを頼りに選別。それをいい状態で深焼き出来るようになるまで、相当な時間を費やしたという。

87年には、豆の小売り専門店・インフィニ珈琲(中央区南19西5)を開き、珈琲専門店やカフェ、レストランにも卸すようになる。ちなみに、〝インフィニ〟とはフランス語で無限(∞)という意味。「香りが無限に広がり、8の字に似た末広がりが商いの発展にも繋がると思って……」と惣一さん。その後、札幌市内だけで約90店舗、道外も九州は熊本県まで全国各地に約80店の卸先を持つまでに成長した。

そんな惣一さんが、同じ豆でも淹れ方次第で味が変わることを踏まえ、「味を確かめてから豆を買ってもらいたい」という思いで97年に開いたのが、前出のカフェ・ド・ノールだった。映画館の地下という場所柄から、BGMには映画のサン

映画館の地下にあった頃の旧店内

DATA

閉店年　2022年(令和4年)
閉店時の住所　札幌市中央区北2条西4丁目、北海道ビル地下1階

重厚なインテリアの店内に置かれたJBLの巨大なスピーカーからジャズが流れていた

トラ盤を流した。そのせいか、若い女性客はもとより年配客も数多く訪れ、幅広い層に愛されたが、ビルの取り壊しに伴い、店は6年で閉店を余儀なくされてしまう。

そして03年11月、惣一さんは心機一転、店を北海道ビル地下に移転し、営業を再開する。設計は旧店舗と同じく今さんに依頼した。幅70センチのアメリカ松を使う贅沢なカウンターや大倉陶園のコーヒーカップが並ぶ棚など、茶系で統一されたシンプルなインテリアには、そこかしこに今さんならではの個性が見え隠れする。年季の入ったビルの隙間に、憩いの空間を見いだす惣一さんの原風景には、クラシックなタイプの喫茶店が厳然と存在しているような気がしてならない。

そんな惣一さんが病に倒れ、逝去されたのは、自宅療養中の２０２３年（令和５年）11月25日のことだった。奇しくも同年8月、札幌の自家焙煎コーヒーの巨星・滝沢信夫さんも亡くなられている。私にとってお二人は、同世代の大切な友人でもあったので、ぽっかり空いた心の穴を今も埋められずにいる。コーヒーの味はもちろんのこと、素敵な店造りのセンスも含めて、この街のコーヒー文化をここまで牽引してきたお二人の功績に、あらためて敬意を表したい。

マッチ箱のスミ

かつて度肝を抜かれた初代店舗のプラスチック製椅子だったが、静電気が起こるため働く人たちにとっては大変だったとか。

basic

(ベーシック)

2004〜

喫茶店文化愛する次代を担う珈琲狂

　地下鉄東西線の西11丁目駅に直結するビル地下の喫茶店「ｂａｓｉｃ」は、コーヒー通に熱烈な支持者の多いことで知られる。「僕からコーヒーを取ると、存在する価値もありません」と言い切るのは、オーナー店主の江頭政昭さん。佐賀県出身の江頭さんは、新聞配達をしていた小学生の時に喫茶店の存在を知り、「大人の空気感が漂う、その雰囲気に憧れていました」。中学生になると、自宅から佐賀市内まで自転車で出かけて喫茶店をはしご。我慢してブラックを飲むうちに舌が慣れ、美味しい飲み物だとわかるようになったという。

　15歳にして、九州一と謳われた福岡市「珈琲舎のだ」で修業をスタート。ネルドリップで有名な同市「珈琲美美《びみ》」の味に衝撃を受け、珈琲行脚を決意する。バイクで片道22時間かけて東京へ通い、銀座「ランブル」や吉祥寺「もか」など有名店を探訪。その後は全国を回り、バイクで札幌に辿り着いたのは23歳の時だった。「可否茶館円山店」を皮切りに市内有名店での修業を経て２０００年(平成12年)、卸と店舗を兼ねた「札幌バニティービーンズ」を西区発寒で友人と開業。そこで培った技術とセンスで、04年1月に独立を果たした。

　取材時(05年)のメニュー表には、淡味(12ｇ)４５０円、中味(15ｇ)４５０円、濃味(25ｇ)５００円とあり、コーヒー豆の使用量を明記している。浅煎りや深煎りと書かず、淡味や濃味と表現する店は初めて。淡味を飲んでみると、琥珀色の液体が心地良く喉を通り、まろやかで後味もすっきり。なんと洗練された味わいだろう。「僕が若い頃は、何度も通わないと高級なコーヒーカップで飲ませてもらえなかったので、この店では初めての方にも惜しみなく使います」と江頭さん。その言葉通り、カウンター正面の棚にはウェッジウッドやマイセン、今右衛門や柿右衛門の有田磁器など、高級な器がず

カウンター席はテーブル席から独立

DATA

住所　札幌市中央区大通西10丁目、南大通ビル地下1階
電話番号　011・271・9043
営業時間　10時〜20時(土曜は11時〜19時、日曜・祝日休)
コーヒー　ベーシックブレンド650円〜、モカマタリ750円
駐車場　なし

抑え目の照明がムーディーな店内では、コーヒー豆もディスプレイの一部になっている(2005年撮影)

らりと並ぶ。例えばウインナーコーヒーには、ブルーの花模様と曲線が優美なマイセンの縦長カップを使っている。

カウンター右横に飾られた大きな写真には、外国の老人が美味しそうにコーヒーを飲む姿が写っている。江頭さんが敬愛するコーヒー職人で、喫茶「亜比西尼亜《アビシニア》」店主だった故・荒木寿さんの形見という。荒木さんは、旧4丁目プラザ裏の4丁目会館や裏参道(中央区南3西24)で、通算30年近く喫茶店を営んでいた方。私はご縁が無かったが、コーヒー通の間では知る人ぞ知る頑固な職人だったとか。政治活動をしていたが、戦後まもなく共産党を除名され、50歳近くになって東京・荻窪の教会通りで店を開いたのが始まり。その後、どういう経緯で札幌に移住したのかは不明だが、荒木さんが雑誌『ブルータス』に掲載された前出の写真を気に入り、出版社に頼んで引き伸ばしてもらったものだという。

世代は違うが、同じく北の都に辿り着いた荒木さんに、自身を重ねる江頭さん。その夢は、「幾つになっても、この老人のようにコーヒーを愛して飲み続けたい」。美味しいコーヒーを生み出すため、真剣勝負で自家焙煎に挑む彼の姿を見ていると、札幌のコーヒー文化の未来は明るいと思う。

マッチ箱のスミ

私の好きなこの店のウインナーコーヒーは、練り込まれた生クリームが口中で淡雪のように溶け、コーヒーとのバランスも絶妙。

ちょっと一服❽

自家焙煎の先達とその継承者たち

1972年(昭和47年)から焙煎を行う「可否茶館」は、札幌における自家焙煎の先達だ。元店主の滝沢信夫さんと斎藤智さん(後の「斎藤珈琲」店主)が、試行錯誤を繰り返して道筋をつけた。独自に焙煎する店は戦前からあったとされるが、自家焙煎の豆を店頭で売るビジネスモデルを本格化させたのは、ここが最初だと思う(写真は84年頃の「可否茶館倶楽部」の焙煎機)。

一方、こちらも自家焙煎で知られる「北地蔵」の日比三裕さんは、「ELEVEN」の開店こそ早かったが、自家焙煎を始めたのは2軒目の北地蔵(75年)からのこと。同年、「蔵人」の嶋津彰さんがススキノで、さらに2年ほど遅れて「カフェ・ランバン」の阿部和弘さんが自家焙煎をスタートさせている。また、従二直彦さんが、趣味が高じて炭火での焙煎を始めたのは74年頃からで、店舗「るびあ」を中央区宮の森に構えたのは80年のことだった。

以降の流れについては本書第8章に詳しいが、全体像を俯瞰してみると、自家焙煎界の大御所はそのほとんどが80年代前半に出揃っている。しかし、これだけが札幌の自家焙煎ではない。先達に続けとばかり、その後も工場を持つ大手から小さな焙煎機を使う家内制手工業の店まで、大小さまざまな自家焙煎の店が札幌で産声を上げ、今や戦国時代の様相さえ見せている。

88年には自社ビル1階を使う近藤義夫さんの「近藤コーヒー」(白石区、閉店)、94年に可否茶館で修業した岩本豊さんの「岩本珈琲」(同・栄通18)、96年にコーヒー好きが高じた横井力さんの「工房横井珈琲」(西区発寒9-11)が誕生。97年には夫婦で営む「岩田珈琲店」(東区、閉店)、2000年には「basic」(p136)店主が友人と始めた「札幌バニティービーンズ」(西区発寒7-5)が登場している。また、「フラッグスタッフ カフェ」(北区北9西4)のように、89年の開店当初はメーカ品を使っていたが、6、7年後に自家焙煎を始めたケースもある。

いずれもコーヒー通の間で評判の良い店ばかりだった。全国的にレベルが高いといわれる札幌の自家焙煎界だが、わずか30年余りでこのレベルに達したのだから、大手をふって〝文化都市〟を名乗っていいいかもしれない。

IX. アフター・アワーズ

アフター・アワーズとは、店の営業を終えた閉店後の時間帯。喫茶店にまつわるよもやま話を、2人のゲストを迎えてざっくばらんに語り合う。

既成の枠を超え、独自のスタイルを生み出す

●札幌の喫茶店文化を陰で支える
〈店舗デザインの達人〉

［今 映人］インタビュー

札幌の喫茶店を語る上で欠くことの出来ないのが今映人さんだ。伝説の店「ELEVEN」を皮切りに、「北地蔵」「ホールステアーズカフェ」など数々の名店を手掛けてきた店舗デザインの第一人者である。ママチャリに乗って飄々と札幌の街を駆けめぐる今さん。飾り気の無い人柄に接すると、有名デザイナーであることを忘れてしまいそうになる。そんな今さんに、店造りへの思いを伺ってみた。（取材：2005年11月）

今映人●こん・あきひと
1948年（昭和23年）、青森県北津軽郡金木町生まれ。小学校3年生の時、母親の実家がある札幌へ移住。手先が器用だったことから家具職人を目指し、札幌工業高校工芸科を卒業後、家具店へ就職。その修業中に「ELEVEN」店主の日比三裕さんと出会い、店の改築を任されたのが初仕事となる。その後、東京の店舗デザイン会社で5年間勤務。帰札後、建築事務所勤務を経て独立、フリーで店舗設計を手掛ける。現・今設計代表。2022年（令和4年）、逝去。

斬新な試みが生む独自のスタイル

——お久しぶりです。以前、「女性を惹きつける店造りをすると、幅広いお客さんが来てくれる」と話されていましたね。

今　女性が引き立つ店っていうより、男女の背景となる壁の質感や色に、オーラのようなものが滲み出る気がするんだよね。例えば、**北地蔵**（p44）の白い壁とかね。だから、使う素材で印象が随分変わってくる。

——**北地蔵**の壁はコンクリート造りですか？

今　**北地蔵**はモルタルに白い塗装をしているんだよ。漆喰の場合は、肌合いがしっとりとしてるじゃない。モルタルでもそうできるん

だけど、あそこはあえて、表面をザラザラに荒らしたの。そのほうが、ラフ感が出てくるのね。

——もうひとつ印象に残ったのが、〝男の空間を創る〟というお話です。

今 ダイナミックで飾り気の無い空間を創ると、自己主張を持つ女性たちが集まるんだよね。空間が持つ力強さに、惹かれるんじゃないかな。女性が集まると、必然的に男性も来る。すると、店も繁盛する(笑)。

——東京から戻って、最初に手掛けた店は?

今 最初は**北地蔵**で、次が小樽の**ろーとれっく**(閉店)、そして**テルサラサート**(p78)、最後に小樽の**マリーローランサン**をやった。

——この4店は、すべてモノクロのイメージですね。

今 そう、白黒で実験的にやったの、4店舗とも。同じ白と黒で、同じような素材を使って、どれだけ雰囲気を変えられるかって。あとは機能性。働く場所、つまり厨房をどんな形にするかで、店の雰囲気ががらっと変わるの。**北地蔵**は、意識的に厨房とカウンターを離しているんだよね。

——**北地蔵**のようなオープンキッチンスタイルは、当時(76年)斬新でした。

今 それまでの喫茶店って、パターンが決まってたじゃない。カウンターがあってボックス席があるという。でも、それじゃどんな風にしても同じ域からは抜け出せないわけ。しかも、サラリーマンが向かい合って話をすると、上司の悪口なんかをいってたりして、店の雰囲気を壊しちゃうんだよね。それで、客同士をあえて意識させるようなレイアウトで席を置いたんだ。そうすることで、入ってくる客のカラーも決まっていくだろうと。

——**ELEVEN**の場合はどういった狙いですか。

今 あそこは、あえてごちゃごちゃにしたの。あの頃の喫茶店は、ボックス席ばかりだったでしょ。だから逆に境目を取っ払って。

——店主の日比さんは、最初に**北地蔵**のデザインを見て、度肝を抜かれたんじゃないですか?

今 いやー、怒られてね。「今ちゃん、こんなの喫茶店じゃない」って(笑)。まあ、出来ちゃったものは仕方ないんで、しばらく様子を見ようって。で、**北地蔵**が開店した後にパルコ札幌店がオープンしたんで、日比さんに連れて行かれたの。そこには洗練された東京のデザインがあるわけ。それと比べて「こういう傾向に変わってきているのか」って気付いてくれて。ウチの店もいけるかもって、初めてOK出してくれた。

——でも、オープンしてすぐ評判になったでしょ。

今 そうでもなくて、賛否両論に分かれてた。やっぱり、従来のスタイルに馴染んでいる人には、落ち着かなかったんだろうね。でも、刺激的なことに順応できる人にとっては、面白い喫茶店だったと思うけど。

立地条件に合わせて変わる店のイメージ

——まずは実験的に4つの店舗を作りました。それに続く店というと……。

今　**ふれっぷ館**(p18)かな。もともとアパートにするための建物で、1階に店が入る形なの。だから、デザインを最初から組んでいって、アパートの部屋割りまで含めて全部設計をしてね。うまく店の上にのっかるようにしたわけ。

——**ふれっぷ館**はモノクロの店を続けた後で、ちょっと端境期にある店ですね。

今　あそこは、緑の中に違和感なく溶け込むイメージで作ったんだ。デザインを考える際の基本は、まず立地場所なんだよ。その立地条件でやっていけるイメージを引っ張り出して、形にしていく。だから、立地場所で本当に違ってくる。もちろん設計者である僕の匂いは出てくるんだけれど。

ELEVENの場合は、マスターがコーヒーを大切にする人だったから、コーヒーの似合う空間を考えたんだよね。**北地蔵**はオフィス街のイメージで作ったりと、それぞれ変えている。

——**ホールステアーズカフェ**の場合は?

今　周りがファッションの街だから、コーヒーがファッションになるようにイメージした。従来の喫茶店を、あの店でファッションの世界に近づけたんだよね。同じ系統では、マルサ(現・ルトロア)地下1階の**カプチ**(閉店)もそう。当時は珍しかったの、喫茶店で入り口のドアがない造りは。ブティックを覗くような感覚で入れるように作った店だね。

——普通はあるパターンを作って、それだけやる方が手っ取り早いですよね。

今　それは、ものによりけり。早いのもあれば、プレッシャーを感じてイメージが出てこないこともある。

——プレッシャー?

今　一番感じたのは、芸術の森の入り口前にある**フェルマータ**(後に**カフェ・ルシア**、閉店)かな。あの圧倒的な自然と対峙して、しかも目の前が芸術の森じゃない。それらの環境をすべて、あの小さな空間で受け止められるようにしなきゃって悩んじゃった。

——それまでは、都会の中での店造りでしたものね。

今　自然に溶け込む、素朴なイメージじゃ芸が無いから、ある程度モダンなものを作って、でもモダンになりすぎないようにと。出来上がりを見た時、結構ギリギリの線かなって思ったんだけど……。行かれたことありますか?

——はい、素敵な店ですね。

今　外壁をシルバーに塗ったりしながら、古びた感じにも見せて。ある程度お洒落感が欲しいでしょ。おまけに、芸術の森にも喫茶店があるから、商売としても向こうに勝てるようにしなきゃならないしね。

――結果はどうでした？

今　あの場所にしてはね。あの立地は難しいんだ。

商いの面を踏まえつつ デザイン面でも挑戦

――経営的に失敗した店って、これまでにあります？

今　地上げにあった店はあるけど、今のところ失敗した店はないね。

――約40年間、常に結果を出してきたとは、すごいですね。ところで、80年代を代表する店といえば、87年のホールステアーズカフェだと思うんですが。

今　店を作る前、店主の宮越さんに東京へ連れて行かれて、「こういう店が好きなんだよね」って見てまわったの。でも、既に札幌にあるスタイルだったんで、そういう店はもうあるから違うことをしよう、と提案したわけ。デザインって模倣に始まるんだけど、それに終わっちゃダメでね。東京の店も、なにかをコピーしてたりするわけだから。

――確かに、今さんの店造りって、どこかにあるようで他にはないですよね。

今　やっぱり、設計をやってる人が目指すのは、コピーを超えた新しいもの、自分だけのスタイルを作ることなの。そういう意味で、ホールステアーズカフェの場合も挑戦だったよね。

――ファッションビルの1階というだけで冒険だったし、シックな色遣いも当時としては画期的でした。

今　周りの人が心配するから、内心は不安だった。でも、その結果が世の中に受け入れられれば、商売として成り立っていくしさ。でも、店って個人がお金をつぎ込んで作るものだから、失敗して夜逃げみたいになるのはイヤでしょ。潰れちゃいけない店を、なおかつデザイン的に挑戦しながら作っていくのが、難しいけど大事なことだね。

【今映人設計】

喫茶店リスト

ELEVEN*／北地蔵*／ろーとれっく*／マリー・ローランサン／テルサラサート*／ふれっぷ舘*／Keef／グレッシュ(後にラ・蔵人→カプチ*)／羅賀丸(後にチョコレート・バーCHUAO*)／ロックフォールカフェ／フェルマータ(後にカフェ・ルシア*)／カフェ・ランバン／カフェ・ド・ノール*／蔵人(後にIMPRESS CAFE*)／アルルカン(現宮の森珈琲月寒公園店)／ケンズカフェ／basic／クレマカフェ*／地蔵商店*／グラース*／きのとやカフェ白石店、大丸店*　【*=閉店】

▽宮越屋珈琲チェーン=ホールステアーズカフェ*／ホールステアーズカフェ　有楽ビル店／エスプレッソバーGIG／円山坂下宮越屋珈琲本店／宮越屋珈琲工房／札幌三越宮越屋珈琲／宮越屋珈琲(大通店、桑園店*、日本橋店、名古屋ラシック店*、ポールタウン店、新千歳空港店、千歳駅店*、パリアッチ伏見店*、旭川オクノ店*、サンピアザ店)　【*=閉店】

対談

藤堂志津子〈作家〉×和田由美〈エッセイスト〉

私たち“喫茶店世代”

作家の藤堂志津子さんは、短大時代の1年先輩にあたる。学部は違うが、在学中は同じ新聞部に属していた。ところが、学生時代はお互いまともに話をしたことが無い。私にしてみれば、在学中に詩集『砂の憧憬』を出した有名な先輩でもあり、恐れ慄いていたのだけれど、彼女からはそう見えなかったらしい。ともあれ、久しぶりにあの頃へ戻って、喫茶店についてミーハーのように語り合ってみた。（採録：2005年10月）

とうどう・しずこ●作家
1949年、札幌市生まれ。藤女子短期大学国文科卒業。広告代理店勤務を経て作家活動に入る。その後、87年にデビュー作『マドンナのごとく』で第21回北海道新聞文学賞受賞。89年に『熟れてゆく夏』で第100回直木賞、01年に『ソング・オブ・サンデー』で第8回島清恋愛文学賞受賞。03年に『秋の猫』で第16回柴田錬三郎賞受賞。

格好つけが多かったあの頃の喫茶店

藤堂　「喫茶店グラフィティー」は、新聞連載の時からひとつひとつ懐かしく読んでいたけど、あなた全部記憶だけで書いたの？

和田　店主に取材した部分以外は、そうね。

藤堂　資料とかは余り使わなかったの？

和田　昔、自分で編集した『札幌青春街図』や『月刊ステージガイド札幌』の特集などは、思い出すために見ることはあるけれど、ほとんどが記憶かな。

藤堂　そうなの、すごいわね。

和田　仕事柄、いろんな店に出入りしていたから。あの頃、ジャズ喫茶ではB♭に良く行ってたけれど、あそこのコーヒーは苦くて飲めなかったなあ。

藤堂　B♭もそうだけど、あの当時はみんな難しい顔して前衛ジャズを聞いていたよね。
和田　どうして、あんなに難しい顔していたんだろう。
藤堂　あれが流行だったのよ。わからないことに意味があるような、そんな時代だったわね。
和田　虚無的なポーズね。
藤堂　そうそう。サルトルだのカミュだのいいあって。私、あいうのにかぶれている男には全然興味なかった。
和田　私もそういう人と付き合ったことないなあ。
藤堂　ふふっ。
和田　それと、昔の喫茶店はやたら暗かった。
藤堂　わざわざ薄暗いところで本読んでね。私は目が悪くなると思って、そういう場所では読まなかったけど。
和田　明るい店で読めばいいのにね、岩波の本かなんか持って。
藤堂　あの時代は格好つけが多かったのよ。ベレー帽をかぶって、文学青年崩れが多かったでしょ。
和田　だけど、どうしてあれほど喫茶店で話すことあったのかな。難しい顔をして。
藤堂　若かったからじゃない、生意気盛りだったから。
和田　70年代安保の頃で、やっぱり世の中のことを考えてたのかな。
藤堂　それも流行でね。学生運動かじっているっていうのが流行だったのよ。
和田　ハシカみたいなものね。

同人誌の集まりで良く使ったELEVEN

藤堂　今回、対談のお話をいただいて思い返してみたんだけれど、20歳の頃、詩の仲間で『腔《すきま》』という同人誌をやっていていたの。そのグループが、土曜日に喫茶店に集まっていたのね。それに参加するようになってから、喫茶店を頻繁に使うようになっ

わだ・ゆみ●エッセイスト
1949年、小樽市生まれ。藤女子短期大学英文科卒業。72年に札幌初のタウン情報誌『月刊ステージガイド札幌』を創刊。その後、権利を譲り編集者・エッセイストとして活躍。88年に亜璃西社を設立、現・代表取締役。著書に『北海道　究極の食材めぐり』、『こだわりのロングセラー』、『さっぽろ酒場グラフィティー』など。

たのかなって。その前にも、待ち合わせでは使っていたけれど。

和田　その会では、どこの喫茶店を使っていたの？

藤堂　**ELEVEN**。あの頃、ELEVENってすごいムーディーな店でね。

和田　学生だと、背伸びして行くようなところだった。大学の頃は北大前の喫茶店に行った？　**ライフ**とか。

藤堂　行ったわよ。あそこは溜まり場だったもの。

和田　**左文字**や**結城**なんかも覚えてる？

藤堂　あった、あった。北大正門前のところに並んでいてね。

和田　それで、今日はどこに行こうかなって。あと、**中屋**とかね。短大の近くにあった**タマキ**には行ってた？

藤堂　余り行ってないかな。私、新聞部だったでしょう。部室があって、そこでタムロしていたから。だから、**タマキ**に行くような時は、デートコースなのね。ちょっと贅沢する気分で行った覚えがある。

喫茶店で語り合うのがデートの定番コース

和田　私たちの時代って、デートといえば必ず喫茶店に行ってたわよね。

藤堂　だって、他に行く場所がなかったもの。喫茶店で待ち合わせて、その後、絵を見に行ったり映画を見たりして。当時はみんなお金無かったから、喫茶店で何時間も粘ったじゃない。

和田　そうだよね。最後には何杯も水飲んでね。で、飲みものを頼めないから水に砂糖入れたって人もいたよ。それで砂糖水にして飲んだんだって（笑）。

藤堂　ほんと？（笑）。でも、あの頃の喫茶店は、とりあえず彼氏なり彼女なりと一緒にいる場所だった気がするな。だって、女同士で話す場合は喫茶店なんて行かなかったもの。

和田　行かないよね。

藤堂　だから、喫茶店というのは異性との出会いの場というか交流の場というかね、そういう認識が暗黙のうちにあったような気がする。

和田　私も女同士では余り行かなかった。ただ、よほど深刻な相談事がある時は、女同士でも行ったわよ。当時は深刻といっても、失恋程度だったけれど。でもなぜか、喫茶店では食事をした記憶がない。
藤堂　うん。コーヒー代だけで精一杯だった。
和田　そういいえば〝レスカ〟って覚えてる？　レモンスカッシュ。あの頃、高くて飲めなかったから、今でも恨み骨髄という感じ。
藤堂　飲めなかった。コーヒーは、レギュラーが一番安かったでしょ。それ1杯で粘ったもの。
和田　知ってる？　あの頃、コーヒーに入れる砂糖は2杯半がスタンダードだったの。
藤堂　知らない。
和田　私はカッコつけて1杯にしていたけれど、昔は必ず砂糖を入れて飲んだよね。
藤堂　あの頃は、ブラックなんて飲めないもの。砂糖もミルクも全部入れてた(笑)。
和田　じゃあ、男の人のコーヒーに砂糖を入れたことある？
藤堂　ない。そういうの私、若い頃からやらない人だもの。
和田　そうなの、やらない人なんだ(笑)。
藤堂　有名だったのよ。でもね、その頃は知らなかったの、女はそうするもんだって。で、30代ぐらいで気付いてやろうとしたら、今度はまわりがやめろって。

全然似合わないから(笑)。
和田　おかしい～(笑)。私もめったにやらないけれど、1回だけやったことはあるかな。その人には失恋したけれど……。
藤堂　かいがいしくやる人はいたのよ。集まりがあったら、みんなにお砂糖何杯入れるかって聞きまわって。
和田　そんな人いた？
藤堂　いたのよ。お酒の場でお酌する人と同じ。そういうのが、気が利いている女っていわれたものなの。
和田　へ～。その人は今、いい人生歩んでいると思う？(笑)。
藤堂　亭主は捕まえたんじゃないかしら。あの頃はそういう人が良い奥さんになる、っていわれていたから。私なんて「良い奥さんになる」なんていわれたことないもの。
和田　私もそう(笑)。

喫茶店の変遷に見るコミュニケーションの変化

和田　詩の仲間とELEVENに集まった話が出てたけど、あの頃の喫茶店は文化サロン的な存在でもあったよね。私も映画仲間の例会を喫茶店で開いていたもの。

藤堂　今なら居酒屋かもしれないけれど、あの頃は喫茶店だった。当時は居酒屋も少なくて、せいぜい焼鳥屋ぐらいだけど、20歳そこそこの娘が行けるようなところじゃなかった。

和田　喫茶店の店主って、個性的というかアクの強い人が多かったよね。

藤堂　喫茶店自体が自己表現の場だったのよ。

和田　商売っ気がないっていうか。でもね、あの頃はアクが強くないと長く続かなかった。

藤堂　そういう個性を愛する人たちが集まるしね。あの時代は、まだ個性的な人間が生きやすかった時代なんじゃないかな。

和田　そんな時代に登場した**可否茶館**は、ほんと画期的だった。

藤堂　とってもあか抜けていて、スマートだった。働いている人たちも、バーテンダーのように、無駄口たたかないで黙々と仕事するスタイルだったでしょ。

和田　そうそう。

藤堂　それまでは、カウンター越しに客と対等な口をきくような店が多かったじゃない。**可否茶館**はそうじゃなかった。

和田　なおかつ、当時、札幌に進出したばかりの紀伊國屋書店が入るビルの地下にあったでしょ。だから、そこにいくと自分のレベルが上がった気になっちゃう。そのぐらい文化的な雰囲気でね。

藤堂　東京の香りっていうかさ。いい意味で背伸びしよう、お洒落しよう、っていうのがスマートだった。それにあの店、明るかったのよ。

和田　確かに明るかった。70年代って、若者に挫折感があって薄暗い店に馴れていたから、あれも新鮮だった。それとさ、時代もだんだん変わって、アクの強い人に話しかけられるのがイヤになってきたでしょ(笑)。

藤堂　そう。威張るおじさんはいらないの。若者が嫌うのよ。

和田　だんだんうざったくなるのよ、ほっといてくれって。だから、経済的な側面もあるけど、人が変わったっていうか、そういう時代の流れもあった。

藤堂　コミュニケーションの形の変わり様っていうのも、喫茶店のあり方に反映されているのよね。

索　引●INDEX

＊札幌市内の喫茶店のみ対象とした

あとがき

本書は、朝日新聞北海道版の夕刊紙面で、2003年9月2日から2005年5月25日にわたって連載された原稿に、加筆・訂正を加えたものである。単行本化にあたって新たにコラムを書き下ろし、インタビューと対談を付け加えている。

これまでにも私は、亀の子タワシやミルキーなど時代の記憶を辿る〝モノ語り〟や、四季折々の食材にまつわる想い出を綴ったエッセイなど、様々な新聞連載を手掛けてきた。ある時、新しい連載の企画を考えることになり、今度は違ったジャンルに挑戦してみたいと思っていたところ、私より若い世代の人たちが、札幌の古い喫茶店について知りたいという。1970年以前のことであれば、故・和田義雄さんの著書『札幌喫茶界昭和史』に詳しいのだが、それ以降をまとめたものは皆無なので、私に書いて欲しいというのだ。最初は唐突な話だと思った。けれど、かつてタウン情報誌の編集長をしていた上に、70〜80年代にかけて『札幌青春街図』というタウンガイドを4回発行したこともあり、普通の人よりはこの街の喫茶店に詳しいことに気づいた。〝喫茶店史〟は無理だとしても、グラフィティー(落書き)というスタイルならば、70年代以降の空白の時代を多少は埋めることが出来るかもしれない——。そう思うに至ったのである。

いずれどこかで実現できるかも、と暢気に考えていたところ、今は亡き畏友・宮内令子さんが、偶然にも朝日新聞北海道版の夕刊紙面がリニューアルするという話を聞きつけ、編集担当の阿部八重子さんを紹介してくれた。阿部さんは企画書を見るなり、即座に「今すぐ実現できないけれど、半年後にはスタート出来るようにするので、もう少し待って欲しい」といってくれた。企画を半年間あたためて、連載がスタートしたのは2003年9月のことだった。たまたま同じ月の20日に、喫茶「ミルク」が30周年を迎えることもあって、そこを連載第1回目の店として始めることにしたのである。

幸いにも、連載を始めてみると予想以上の好評を得ることができ、とりわけ私と同世代の読者からは、「いつ、一冊にまとまるのか?」と催促を受けるほど、その反響は大きかった。いずれにしても、この企画を気に入ってくれた阿部さんの存在が無ければ、本書は存在しなかった。改めて、お礼を言いたいと思う。また、連載中から編集作業の段階まで、実に多くの方々の協力を得て本書は完成した。突然の申し出にもかかわらず、快くインタビューに応じて下さった喫茶店主の方々や常連客の皆さんはもちろんのこと、阿部さんの後を引き継ぎデスクを担当して下さった朝日新聞の高橋賢司さん、快く対談に応じてくれた作家の藤堂志津子さん、長時間に渡って店作りへの情熱を語ってくれた店舗デザイナーの今映人さん、喫茶店業界についての質問に答えてくれた斎藤珈琲の斎藤智さん、マッチラベルを撮影させて下さった弘南堂書店の高木庄治・庄一さん、今回もまた素敵な装幀をして下さった須田照生さん、連載中から時に私をおだて叱咤激励してくれた編集担当の井上哲など、本書が出来るまでに協力下さった皆さんには、感謝の気持ちで一杯です。ありがとうございました。

「長く生きるということは、多くの死を見ることだ」と、どこかの作家が語っていた。この2年間で何人もの友人の訃報に遭い、世の無常を感じることが多かった。それだけに、残された者として〝この街の記憶〟を多少なりとも書き残せたことが、今はとてもうれしい。喫茶店に纏わる話を綴ったこのグラフィティーだが、私と同世代の人たちには、〝青春グラフィティー〟としても読んでもらえれば幸いです。

2005年12月11日

和田由美

改訂版あとがき

早いもので本書の初版発売(2006年)から、18年の歳月が経ちました。その間、コツコツと地味に売れ続け、これまでに4回ほど増刷しましたが、最新の第4刷も見本の一冊しか残っていません。また、長い歳月を経るなかで、70年代以降の喫茶店業界を切り拓いたパイオニアともいうべき方々が鬼籍に入られるとともに、10軒近くの店が姿を消しました。

そこで、情報を最新のものに更新した改訂版を発行することになりました。この街のサブカル史をひも解くグラフィティシリーズ第1弾として産声をあげた本書とシリーズ各巻を、今後もよろしくお願いいたします。

2024年5月27日

和田由美

◆参考文献

林哲夫『喫茶店の時代』(2002、編集工房ノア)／和田義雄『札幌喫茶界昭和史』(1973、財界さっぽろ)／朝日新聞北海道支社編『北のパイオニアたち』(1968、北苑社)／クリップ編『札幌珈琲スポットさっぽろタウン情報別冊』(1983、クリップ)

〈著者略歴〉
エッセイスト、亜璃西社代表。1949年(昭和24年)小樽生まれ。札幌南高校、藤女子短期大学英文科卒。札幌初のタウン情報誌「ステージガイド札幌」編集長を経て、1988年出版と編集の亜璃西社を設立、エッセイストとしても活躍中。著書に『ほっかいどう 究極の食材めぐり』(JTBパブリッシング)、『さっぽろ酒場グラフィティー』『ほっかいどう映画館グラフィティー』『和田由美の札幌この味が好き!』など。編者として『さっぽろ燐寸ラベルグラフィティー』、監修者として『ほっかいどう地酒ラベルグラフィティー』がある(以上、亜璃西社)。

制作スタッフ　北川 円、宮川健二
制 作 協 力　吉田拓洋

改訂版 さっぽろ喫茶店《きっさてん》グラフィティー
2006年1月10日　初　版　第1刷発行
2024年7月31日　第2版　第1刷発行

著　者　和田由美《わだゆみ》
発行人　井上　哲
発行所　株式会社亜璃西社《ありす》
〒060-8637　札幌市中央区南2条西5丁目6-7
TEL　011-221-5396
FAX　011-221-5386
URL　https://www.alicesha.co.jp/
装　幀　須田照生
印刷所　株式会社アイワード

ISBN 978-4-906740-66-6　C0095